IMADR-JC ブックレット　13
スリランカの内戦と人権

編集　反差別国際運動アジア委員会

　　　反差別国際運動日本委員会

発行　反差別国際運動日本委員会（IMADR-JC）

はじめに

　本書は、スリランカで初めて集団蜂起のあった1958年から50年、また、1983年7月25日にコロンボで起きたタミル人に対する集団虐殺から25年という時期に出版されます。
　スリランカの政治は、多数派である仏教徒シンハラ人のナショナリズムにかなうように国を治めたすべての政党によって、支配されるとともにこの間ほとんど「定義」されてきました。民族紛争を解決に導く、公正・平等・民主的で権力を分かちあう政治体制は、いまだかつて出現したことがありません。
　和平交渉や停戦協定は、狂信的なシンハラ愛国主義者たちの思惑による圧力のもとで、決裂してしまいました。
　やまない武力衝突の結果、何千人ものタミル人が命を落とし、国外に逃れ、また国内で行き場を失っています。北部と東部での情勢の緊迫化により、ムスリムの住民たちが避難民となり、人権侵害にさらされています。多数派のコミュニティもまた、打ち続く紛争やタミル・イーラム解放の虎（LTTE）による報復の結果、強制移住や暴力に直面しています。
　今日、私たちは最悪の筋書きを目の当たりにしています。基本的な人道サービスが行き渡らない北部で何千人もが流民となり、超法規的殺害、失踪、身柄拘束が横行し、レイシャル・プロファイリング（犯罪捜査における人種差別）や深刻な人権侵害への懸念が高まっています。女性と子どもが内戦の深刻な影響を被っています。東部の開発計画は民族主義的様相を帯びて、タミル人とムスリムの間の緊

張を生み出しています。

　スリランカ政府は人権侵害を見過ごしてきました。市民社会は不処罰の文化に懸念を表明してきました。深刻な人権侵害15件を扱うよう付託を受けた事実調査委員会は、被害者の信頼を得ることができていません。横田洋三教授らをメンバーとする独立国際有識者グループは、その特別報告書の中で、同委員会による調査過程の欠陥を指摘しています。

　スリランカの市民団体は、人権侵害に効果的に対処するため、国際的な存在、つまり、国連人権高等弁務官事務所の窓口を現地に設置できるようにすることを求めています。私たちはIMADRとして、民族紛争の話し合いによる解決を呼びかけ、人権侵害に対処し、スリランカ民主社会主義共和国憲法に明記された民主主義の規範を尊重するようスリランカ政府に要請していきます。そのための力添えを、国際社会とくに日本から、引き続き求めたいと思います。

　私たちはあらゆる方面から、つねに暴力を糾弾してきました。現在のスリランカは、多くのコミュニティが困難に直面し、子どもたちは栄養失調に陥り、学校は事実上休校、罪もない民間人が暴力や拷問や貧困に苦しみ、住む場所を追われ、女性は性的嫌がらせを受け、長引く内戦に大きな負担を負わされています。紛争の当事者がただちに和平交渉の席に着くことだけが、このような状況を目の前にした私たちの願いです。

　本書では、スリランカと日本の研究者・活動家の方々に、スリランカの歴史や、スリランカと国際社会が交渉による解決に向けて直面する課題などについて、分析した論考を寄せていただきました。また、スリランカ国内の現在の人権状況についての情報も盛り込みました。読者の皆様方の参考になれば幸いです。

反差別国際運動（IMADR）理事長／同アジア委員会代表
ニマルカ・フェルナンド

目次

はじめに ……………………………… ニマルカ・フェルナンド　2

【I　スリランカ――国と人びと】

概説／地図／民族構成図／スリランカ紛争関連略年表
　　　　　　　　　　　　　　　　　　　　　　　小野山 亮　6

【II　スリランカ現地からの声】

スリランカの紛争と民主主義を理解する
　　　　　　　　　　　　　　　　　　クマール・デイビッド　15

スリランカの長引く紛争と危機　ジャヤデーヴァ・ウヤンゴダ　29

スリランカ高地プランテーション・タミル人のマイノリティ
としての権利　　　　　　　　ピッチャイ・ペルマール・シヴァプラガーサム　34

内戦再発で増え続ける避難民　　　　　反差別国際運動事務局　43

スリランカにおけるIMADRの活動
　　　　　　　　　　　　　　　　反差別国際運動アジア委員会　46

【III　スリランカに赴任したNGO職員の体験から】

紛争地ジャフナからの報告　　　　　　　　　　小野山 亮　51

【IV　情勢分析と日本の役割の展望】

スリランカの内戦激化と日本の役割　　　　　　中村尚司　67

資料編

【資料編1　普遍的定期審査（UPR）制度に基づくスリランカ審査　関連文書】

＊　コラム　普遍的定期審査（UPR）制度とは　85

スリランカの普遍的定期審査のための共同市民社会報告書 ……… 83

普遍的定期審査第2会期（2008年5月）に向けたスリランカに関する
　提出文書（一部編集・抜粋）〔反差別国際運動アジア委員会〕……… 97

普遍的定期審査制度に基づくスリランカ審査のための報告書
　〔女性・メディア連盟〕……… 106

UPRへの提出文書　スリランカ内戦による国内避難民
　〔ノルウェー難民評議会　国内避難民モニタリング・センター〕……… 116

スリランカの普遍的定期審査に関する作業部会の報告（抜粋）……… 127

作業部会の報告に対するスリランカ政府の反応 ……… 133

【資料編2　IMADRの声明・要望書】

スリランカの平和構築に関する要望書 ……… 138

スリランカ政府による停戦合意破棄に遺憾を表明する ……… 141

執筆者紹介　143
あとがき　145

表紙写真　インド洋沖津波が襲った海岸にたたずむムスリムの少年たち（アンパラ、2005年2月）
裏表紙写真　紛争の激戦地、キリノッチのエレファント・パスにて。砲撃により開いた道標の穴から国道A9号線を望む。

I スリランカ——国と人びと

文・図表　小野山　亮

　スリランカ（正式国名「スリランカ民主社会主義共和国」）は北海道より一回りほど小さい島国で、インドのすぐ南、赤道の北に位置する。低地部は熱帯に属し、季節は大きく雨季と乾季に分かれる。海岸線は砂浜・ラグーンなど多様で、漁業も盛ん。内陸部は森林・草地・田畑など広く緑が覆う。中央部は高地帯で、紅茶の生産地域でもある。農業（米・紅茶・ゴム・ココナツなど）・関連加工製造業、衣服・繊維業などが盛ん。人口は約2千万人。1人当たり年間所得は約14万円[*1]。[*2]医療や教育を無償とするなど社会主義的な政策がとられてきたが、市場経済や民営化の促進など自由主義的な経済政策も進められた。

　スリランカの多数民族はシンハラ人（言語はシンハラ語、主に仏教徒）であるが、北部と東部にはタミル人（タミル語、主にヒンドゥー教徒）やムスリム（タミル語、イスラム教徒）が多い。キリスト教徒は、シンハラ、タミル両民族ともに見られる。シンハラ人は古くインドから移住してきたと言われている。タミル人はインドのタミル・ナドゥ州にも多く居住しており、古くからスリランカへ移住や往来を繰りかえしたものと考えられる。ムスリムもまた周辺地域より移住をしてきたと言われる。さらに英国の植民地統治下、紅茶などのプランテーション労働者としてインドから連れてこられたタミル人（比較的低いカーストの出身とされる）の子孫たちがスリランカ中央の高地地帯に多く居住しており、「インド・タミル」「プランテーション（エステート）・タミル」「高地タミル」などの名称で呼ばれ、以前からスリランカに移住していたタミル人（「スリランカ・タミル」と呼ばれる）との区別も見られる。スリランカにはほかにもさまざまな民族集団が移住してきたと考えられている。そもそもスリランカには

- 北部州・東部州 ▨ : 少数民族のタミルやムスリムが多い。両州合わせてタミルの「故郷」や「国（イーラム）」との主張が強く、インド介入時（87年）に暫定的併合。東部はタミル・ムスリム・シンハラ人口が比較的拮抗するが、政府開発事業で多数民族のシンハラ人が移住した歴史もある。現政権（05年11月～）になり両州は分離。両州ではムスリムも一定の権限を要求している。なお「タミル・イーラム」の主張には両州に西岸プッタラムを合わせたものも見られる。

- 「タミル・イーラム解放の虎（LTTE）」支配領域：政府・LTTE停戦時（02年2月）には、ジャフナをのぞく北部の大部分（ジャフナはごく一部）、東部では部分的に点在。LTTEは北部ジャフナよりおこる。近年、東部の幹部が他の東部出身者支持者を率いて造反。現政権になり東部は政府支配下に置かれ、北部は現在激しい戦闘が行なわれている。

- 中央高地部のタミル人口 ▨ ：植民地時代のインドからのタミル人労働者（紅茶などプランテーション）の子孫の人口比が比較的高い。（濃淡は人口比高低を示す）

- 県別民族人口比につきスリランカ政府国政調査統計局の以下のサイトを参照。
  <http://www.statistics.gov.lk/Abstract_2006/abstract2006/table%202007/CHAP%202/AB2-12.pdf>

「ヴェッダ」と呼ばれる先住民族の人びとが居住している。また現在、政府統計には「マレー」（イスラム教徒が多い）および「バーガーとユーラシアン」（ヨーロッパ人とスリランカ人の子孫とされ、主に言語は英語でキリスト教徒）[*3]もあげられている。2001年統計には「スリランカ・チェッティ」および「バーラタ」（いずれも主に南インドからの移住者起源で一定の職業・社会集団）という新たなカテゴリーも現われる。

シンハラ、タミル、ムスリムの3民族とも内部集団や内部差も存在する。シンハラ人はとりわけ過去には「高地（キャンディアン）・シンハラ」「低地シンハラ」という違いを有しており、タミル人の間にも「スリランカ・タミル」「インド・タミル」のほか、北部の「ジャフナ・タミル」と東部の「バティカロア・タミル」などの違いが見られる。ムスリムには、先行する主にアラブ人交易商由来の「スリランカ・ムーア」と、主に植民地時代のインド地域からの移住者起源の「インド・ムーア」の区別も見られる[*4]。なお、「マレー」もイスラム教徒が多い。また、シンハラ、タミル両民族にはカーストや類似の階層制度も見られる。さらに、両民族とも英語能力の高いエリート層は植民地時代から現在に至るまで政治的・社会的に有利な立場に置かれ（植民地下、相対的にタミル人エリートが優遇されたとも言われる）、カーストなど制度も絡み、英語を解さない層との格差を生み出している。

スリランカの民族紛争は、植民地支配下やその後に高揚する民族ナショナリズムが、排他的もしくは「他者」と対立的になったものからつながったが、上記のような格差への不満や反発がシンハラとタミルの各ナショナリズムの先鋭化、両民族の対立・紛争にも至った。さまざまな格差や違いは各民族内での対立・抗争にもつながっている。

誇るべき違いも正すべき格差もあるが、人が持つ多様なアイデンティティのうち特定のものだけが政治化され、利用もされてきた側面も否めない。なお、たとえばスリランカ最大の都市コロンボは、

問題を抱えながらも、さまざまな人びとが集まり暮らすコスモポリタン都市でもある。

　スリランカはポルトガル、オランダ、英国の植民地支配を受けた後、英連邦内自治領セイロンとして1948年に独立した。その後、政治はスリランカ自由党（SLFP）と統一国民党（UNP）という２大政党が政権を取り合う形で進む。前者のほうがよりその色が強いが、いずれの政権も多数民族シンハラ人のナショナリズムの影響を受けている。またシンハラ、タミル、ムスリム３民族ともそれぞれの民族主義政党がある。現在の政治体制は大統領制（行政）と一院制議会（立法）。20年以上も続く紛争のほか、2004年にはインド洋沖津波によっても多大な被害を受けた。なお、日本は国際機関も含めスリランカ最大の資金協力国である[*5]。

【注】

1　世界銀行の *World Development Indicators Database*（『世界開発指標データベース』2008年４月発行）所収のスリランカ・データプロフィールによると、スリランカの１人当たり国民総所得（GNI）は1,310米ドル（2006年、Atlas method）。以下のサイトより国を検索できる。〈http://ddp-ext.worldbank.org/ext/ddpreports/ViewSharedReport?&CF=&REPORT_ID=9147&REQUEST_TYPE=VIEWADVANCED&HF=N/CPProfile.asp&WSP=N〉
2　スリランカ政府による自国の基本情報としては、たとえば政府内ウェブサイトの以下のものがある。〈http://www.gov.lk/info/index.asp?mi=19&xp=0&xi=52&o=0&t=0〉
3　「バーガー」は広く「ヨーロッパ人とスリランカ人の子孫」とされることもあるが、「バーガー」が「ポルトガル人・オランダ人とスリランカ人の子孫」で「ユーラシアン」が「英国人とスリランカ人の子孫」という区別がなされることもある。「ユーラシアン」は一般に広義では「ヨーロッパ人とアジア人の子孫」。
4　スリランカ政府国勢調査結果（1881年から2001年まで。次節参照）には、「インド・ムーア」は1911年から現われる。
5　スリランカへの政府開発援助（ODA）統計（2005〜2006年）につき以下の経済協力開発機構（OECD）内ウェブサイト参照。〈http://www.oecd.org/dataoecd/0/7/1878751.gif〉

民族構成図（1981年の国勢調査*による）

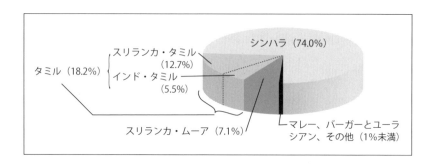

【注】

- 以後の統計（2001年）では、アンパラ県以外の北部・東部の調査が完了せず、含まれていない。
- 以前あった「低地シンハラ」と「キャンディアン・シンハラ」のカテゴリーは、この81年統計以降は統合されている。
- 以前あった「スリランカ・ムーア」と「インド・ムーア」のカテゴリー（双方ともムスリム）のうちの後者は、この81年の統計以降は「その他」に含められている。イスラム教徒はほかにもマレーに多い。
- 以前あった「ヨーロピアン」と「ヴェッダ」（先住民族の人びと）のカテゴリーは、前者は63年、後者は71年以降の政府統計では「その他」に含められている。
- 以後の統計（2001年）には「スリランカ・チェッティ」「バーラタ」という新たなカテゴリーが現われる。

* 国勢調査の結果（1881年から2001年まで）は政府の国勢調査統計局の以下のページに掲載されている。〈http://www.statistics.gov.lk/Abstract_2006/abstract2006/table%202007/CHAP%202/AB2-10.pdf〉

スリランカ紛争関連略年表[*]

1948年		英連邦内自治領セイロンとして独立。 国籍取得に関する制限。インド（高地）タミル人などインド系住民のほとんどが国籍を剥奪されていく。
1956年		シンハラ語公用語化（いわゆる「シンハラ・オンリー」と呼ばれる政策）。
1972年		新憲法採択、仏教の優先保護化。 英自治領からの完全独立。 V・プラバカラン、LTTEの前身「タミル・ニュー・タイガー」設立。
1975年		V・プラバカラン、タミル・ニュー・タイガーを母体にしてタミル・イーラム解放の虎（LTTE）設立。
1983年	7月	ジャフナで政府軍兵士13人殺害。コロンボほか各地で大規模な反タミル人暴動「ブラック・ジュライ（黒い7月）」。「第1次イーラム戦争」へ。
1987年	5月 7月	政府軍によるジャフナでの大規模な戦闘開始。 インド介入。いわゆる「インド・スリランカ和平協定」調印。インド平和維持軍（IPKF）スリランカ派遣。その後、和平協定を受けた憲法第13修正と州議会法可決へ。北部・東部州暫定的併合、シンハラ・タミル両言語公用語化、武装勢力の武装解除などへ。 LTTEはインド介入に反発しインド平和維持軍と戦闘。インド介入や政府に反対する人民解放戦線（JVP）の武装蜂起と政府による鎮圧へ。
1990年	 6月	3月までにインド平和維持軍撤退。LTTEによる北部・東部占拠へ。 ふたたび政府軍とLTTEとで衝突。「第2次イーラム戦争」へ。
1991年	5月	ラジィブ・ガンディー・インド首相、インドのタミル・ナドゥ州チェンナイ（旧名マドラス）近郊で暗殺。
1993年	5月	プレマダーサ大統領暗殺。
1994年	11月	スリランカ自由党（SLFP）のクマラトゥンガ大統領就任。
1995年	1月 4月	政府・LTTE停戦合意。 戦闘が再開「第3次イーラム戦争」。
1996年	5月	ジャフナがふたたび政府支配下へ。
1997年	10月	米国がLTTEを「テロ」組織認定。

I スリランカ——国と人びと

1998年	1月	LTTEが仏歯寺を攻撃。スリランカ政府がLTTEを非合法化。
1999年	12月	クマラトゥンガ大統領、自爆攻撃により負傷。
2001年	7月	カトゥナヤカの空軍基地と国際空港をLTTEが攻撃。
	12月	総選挙で統一国民党（UNP）のウィクラマシンハ首相就任。クマラトゥンガ大統領がSLFPのため、ねじれ。
2002年	2月	ノルウェーの仲介により政府・LTTE無期限停戦合意。
	9月	第1回和平交渉（タイ）。LTTEが、その要求は自治であり分離独立は最後の手段とする。
2003年	3月	第6回和平交渉（日本・箱根）。
	4月	「スリランカ復興開発に関する東京会議」の準備会合（米国・ワシントン）。LTTEは、米国のLTTE「テロ」組織認定により参加が排除されているなどとして、和平交渉への参加一時停止を表明。
	6月	スリランカ復興開発に関する東京会議。日本・ノルウェー・EU・米国が共同議長国。LTTE不参加。
	10月	LTTEが独自の「北部・東部暫定自治機構（ISGA）」案発表。
	11月	クマラトゥンガ大統領が議会を停止し閣僚3名を解任。
2004年	3月	LTTE幹部のカルナがLTTEより分離。東部で軍事・政治勢力を形成。
	4月	総選挙実施。SLFPが多数第1党の連立政党「統一人民自由連合（UPFA）」が多数政党に。JVPも参加。
	12月	インド洋沖津波による被災。
2005年	6月	政府・LTTEの津波後救援資金共同運営枠組み（P-TOMS）が政府とLTTEとの間で合意。JVPはこの動きへの抗議から与党連合を離脱。P-TOMSは実施されず。
	8月	カディルガマル外相暗殺。
	11月	SLFPのラジャパクサ大統領誕生。LTTEが「英雄の日」スピーチで「自決の闘い」強化を表明。
	12月	ジャフナで政府軍をねらった爆発物攻撃により死傷者。「第4次イーラム戦争」へ。
2006年	2月	ノルウェー仲介により政府・LTTE直接交渉（スイス・ジュネーブ）。
	4月	サラト・フォーンセカ陸軍司令官をねらった自爆攻撃。政府軍が空爆。
	7月	マヴィル・アルの水門閉鎖を発端としてトリンコマリや北部・東部各所で激しい戦闘に。

2006年	8月	ジャフナでも激しい戦闘に。
	12月	ゴダパヤ・ラジャパクサ国防次官（大統領実弟）をねらった自爆攻撃。「テロ」の規正法導入。
2007年	3・4月	LTTEがカトゥナヤカ政府空軍基地、ジャフナ・パラリ政府軍基地／近辺（両者の主張に違い）、コロンボ近郊（ガス・オイル施設）を空爆。
	7月	政府が東部をほぼ支配下へ。
	11月	LTTE政治部門トップのS・P・タミルセルヴァンが政府軍の空爆により死亡。
2008年	1月	政府が停戦協定を公式に破棄。

【注】

* 　紛争の歴史を通して、各民族や集団とも、またそうした別にかかわりなく、犠牲や被害を出す数々の戦闘や事件が起こった。一般市民に犠牲や被害を出した例も数限りない。

【参考文献・資料】

- 荒井悦代「スリランカ紛争史年表」、武内進一編『アジア・アフリカの武力紛争——共同研究会中間成果報告』日本貿易振興機構（ジェトロ）アジア経済研究所ウェブサイト内・調査研究報告書、2001年度、所収。〈http://www.ide.go.jp/Japanese/Publish/Report/2001_03_06.html〉に掲載。
- 中村尚司「紛争でもなく、平和でもないスリランカの現実」、アジア太平洋資料センター（PARC）発行『月刊オルタ』2004年3月号（特集「スリランカ　和平・復興への道のり」）。(p. 13にスリランカ略年表。)
- 川島耕司『スリランカと民族——シンハラ・ナショナリズムの形成とマイノリティ集団』明石書店、2006年。
- Jeremy Armon and Liz Philipson (eds.), *Demanding Sacrifce: War and Negotiation in Sri Lanka*, 1998 (Conciliation Resources, ACCORD Series). 〈http://www.c-r.org/our-work/accord/sri-lanka/index.php〉に掲載。
- とりわけ近年については各種報道を参照。

Ⅱ　スリランカ現地からの声

▲仏教僧たちによる抗議行動（1997年）

【Ⅱ　スリランカ現地からの声】
スリランカの紛争と民主主義を理解する

クマール・デイビッド

　スリランカにおける内戦は、言語使用の権利に関する長年の論争、民族間の相互批判、それに加えて、政府がそれらに対して合理的な解決策を提示してこなかったことが原因となっている。論争の当事者であるスリランカ政府とタミル・イーラム解放の虎（LTTE）はいずれも、多くの人権侵害を行なったことで批判にさらされており、その被害者はほかでもない一般市民である。現在、スリランカでは、政府軍と反政府軍がかつてない規模でぶつかり合っており、破壊的な状況を作り出している。一方で、人権侵害が起きているにもかかわらず、だれもそれを処罰しない、という一種の文化が根づきつつある。

　国際社会は、この紛争を解決するために今以上の役割を果たすことができる。とくに日本はスリランカの最大の支援国であり、紛争解決のために組織された国際グループの共同議長国の1つである。そういう意味で、日本の市民と政府は特別な立場にあると言える。日本がスリランカに対して確固とした立場を貫くなら、政府側も反政府側も注意を払わざるを得ないであろう。この文章を書いたのは、スリランカの民族紛争の過去・現在に関する日本の市民のより良い理解を促すためであり、また、紛争解決の実現に向けた方策を提案

するためである。

簡単な背景説明

　このような短い文章の中で、歴史について長々と解説するのは適当ではない。しかし、この文章を読んでいる人の中には、日本から遠く離れたインド洋に浮かぶ美しい島、スリランカについて詳しく知らない人もいるであろう。そこで、この文章のはじめに、スリランカについて少し解説することにする。スリランカの人口は約2,100万人であり、その74％がシンハラ人、12％がいわゆる先住タミル（スリランカ・タミル）人、6％が高地タミル人、6％がムスリムであり、それぞれが固有のアイデンティティと文化を持っている。国民1人当たりの名目国内総生産は約1,600米ドルであり、中所得国として分類されるには至っていない。アジア諸国の中では、スリランカの平均寿命・社会福祉・識字率は比較的良好とされている。

　先住タミル人は、古代からスリランカ北東部に居住していたが、現在ではその大部分（おそらく4分の1程度）が、紛争の被害を避けるため、もしくは経済的により良い生活を送るために、スリランカ南部に移り住んでいる。高地タミル人は、先住タミル人と同じく「タミル語」を話すが、そのアクセントは異なり、また、独特の文化を形成している。彼らは、約150年前、英国が南インドから契約労働者としてスリランカの紅茶プランテーションに連れてきた人びとの子孫である。彼らは主に中央高地に住んでおり、そのほとんどが、現在でもプランテーション労働者（農業労働者）である。ムスリムはスリランカ全土に広がっているが、東部など、いくつかの地方にとくに多数居住している。彼らに特有のアイデンティティは宗教である。民族的な違いに加えて、宗教の違いが、ムスリムをほかの民族グループと区別している。というのは、シンハラ人の90％以上が仏教徒であり、同じように、タミル人の90％がヒンドゥー教徒

だからである。そのほか、全人口の約6％を構成する、ローマカトリックを主とするキリスト教徒がいる。

このように、スリランカは多宗教の国である。しかし、スリランカの民族紛争は宗教紛争ではない。それは主に、言語と「人種」が背景となっている。といっても実際は、シンハラ人とタミル人の遺伝子（DNA）は、人種的に区分されるほど相違があるとは考えられない。というのは、スリランカの有史2千年のあいだに、両民族は相互に移住したり結婚したりしており、また、国内の小王国はたがいに征服し合っていたからである。しかし、長年の紛争を背景に、シンハラ人とタミル人は（言語のみならず）人種的に違っている、と人びとは考えるようになった。不幸なことに、その考えは、政治的な対立や民族間の亀裂がきっかけとなって誇張されてきたのである。

独立後数年間

「プランテーション労働者の公民権の剥奪」（1948年）と「シンハラ・オンリー法」（1956年）という2つの出来事が、スリランカのその後の悲劇的な状況と、今日、内戦という形で起こっている苦悩の、そもそもの原因であり発端である。そして残念なことに、この2つの出来事のみならず、その後数十年のあいだに起こった、より悲劇的なさまざまな出来事によって、対立が深まり不幸の悪循環が起こるのである。たとえば、1950年代後半と1960年代には、人種差別とみなされる2つの恥ずべき出来事が起こった。1958年には、暴徒により多くのタミル人が殺され、家や商店が焼き打ちされた。また、当時の政府与党と、タミルの主政党である連邦党（FP）の、2度にわたる試みは失敗に終わり、両者は、一種の「分権」の実現に関して合意に達することができなかった。

▼北部州・東部州のタミル語の特別な地位を認定し自治権強化を定めた「バンダラナーヤカ・チェルヴァナーヤカム協定」に抗議する仏教僧ら（1957年4月）（出典：Ravaya Publication）

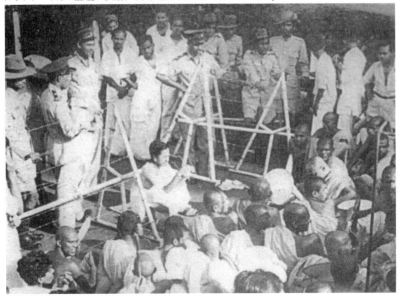

憲法上の行き詰まりとタミル人独立国家への要求

　独立の際に英国がスリランカに残していったのは、1948年制定のソルベリー憲法であり、その29条の(2)では、「1つのグループが他のグループよりも優位な権利を得ること」を禁じている。つまり、人種・宗教・言語による差別が禁止されている。この憲法の条項に照らすと、高地タミル人の公民権の剥奪とシンハラ・オンリー法は、どちらも確実に違憲である。これらの法令は違憲性を疑われ、英国の枢密院においても審議されたが、ご都合主義のためか、英国上院を含む法廷の指導者は、恥ずべきことにこの問題から遠ざかってしまい、ついにこれらの法令が法令書に残ることを許してしまった。しかし、憲法29条の(2)が憲法に残っていたことは、タミル人にとって多少の安心材料であった。

1972年、バンダラナーヤカ女史の政権（1970〜1977年）は新しい憲法を制定し、スリランカは共和国となった。この憲法制定過程を指導したのは、有名な左翼支持者である、スリランカ社会主義平等党（LSSP）のコルヴィン・R・デ・シルヴァ博士であった。不幸なことに、この憲法は国家的問題に対して退行的かつ保守的であり、民族間の断絶を進めるさらなる一歩となってしまった。この共和憲法は、スリランカを「シンハラ仏教徒の単一国家」にしてしまった。また、シンハラ・オンリー法が「法律」から「憲法の条項」へと格上げされてしまったのである。マルクス主義者であるデ・シルヴァ博士は、憲法第2章で「仏教を国教とする」と記述したばかりでなく、憲法の中で「スリランカは単一国家である」と正式に表明したのである。これらの条項は、その後の分権や地域連邦制制定の動きの障害となった。

　これらの出来事を背景に、タミル人は分離国家を要求するようになった。1972年に憲法が改定されるまでは、FP（現在のタミル統一解放戦線（TULF））は分離に反対し、連邦制を支持していた。しかし、上述のような動きが、タミル人を究極の解決策へと促していったのである。そのころ、FPの党首であったチェルヴァナーヤガン氏は、自らへの信任を裏付けするために、国会議員の席を辞職し、再選を求め、こう述べた——「この選挙の結果は、タミル・イーラムは独立国であるべきだ、という、投票者の委任を意味していることを、国民に明言する。タミル人は自由になるべきである」。1976年5月、タミル政党は連立して、「タミル・イーラム独立国家」のための、いわゆる「ワッドゥコッダイ決議」を採択した（「イーラム」とはセイロンの伝統的なタミル名。「タミル・イーラム」は、スリランカ北東部に建国が提唱されている「タミル分離独立国家」を指す）。

　上述のような憲法上の変化と並行して、経済面でも変化が起こった。過去、ある種の経済的要素が、タミル・コミュニティとシンハラ・コミュニティを融和させていた。つまり、北東部に居住する比

較的貧しいタミル人は、経済的に比較的裕福な南部・西部・中央部に、仕事や教育の機会、農産物の市場などを求めて移動していたのである。ところが、1970年から77年まで左翼政党と連立内閣を構成していたスリランカ自由党（SLFP）は、タミル人を職業や教育の面で不利な立場に置くいくつかの方策を実施した。政府は公務員の採用過程に言語政策を新たに導入した。この言語政策導入の結果、「タミル人は公務員職から締め出され、昇進の機会を著しく失っている」という認識がタミル人の間で強まったのである。これによって、国民の融和を支えていた重要な基礎が壊れてしまった。

　さらに大きな影響を与えたのは、「標準化」として知られる政策である。1970年代初めまでは、大学入学は全国統一試験の成績によって決定されていた。タミル・コミュニティは教育にたいへん熱心であるため、当時、タミル人の大学入学者数の全体に占める割合は、その人口比よりもはるかに大きかった。とくに、工学部、医学部、理工学部などではその傾向が強かった。歴史的に教育に熱心であったことと、タミル人地域に宣教師が建てた良い学校が多くあったことが、タミル人の大学入学における優位性の背景となっていた。ところが、当時の政府は、この状況を「改正」せよとの強い圧力を受けていたのである。この「標準化」政策では、試験官が採点の結果、それぞれの受験生に付けた数字を増減することにより、シンハラ語およびタミル語を媒体とする2つの受験者グループの平均点と標準偏差をできるだけ等しくしようという、統計学的な方法が採用された。さらに、県ごとに、民族の人口比に基づいて入学者数が決定されることになった。この2番目のルールは、より貧しい県の学生に有利であり、ある程度の社会的正義が達成されることをその目的としていた。しかし、2つの新ルールは、ジャフナ半島およびコロンボ周辺のタミル人学生に深刻なダメージを与えた。実際、このルールの影響で大学入学を果たせず、悔しい思いをした多くのタミル人学生が、その後、過激なタミル・ナショナリズム闘争に引き寄

▼コロンボとその近郊では暴徒たちがタミル人の家々を焼き払い略奪した（1983年7月）
（出典：Ravaya Publication）

せられていったのである。

武力闘争

　これらの状況の変化に対して、当初タミル人が起こしたのは、マハトマ・ガンディーの抵抗運動をモデルとした消極的抵抗であった。抵抗運動のリーダーたちは中流階級の専門職に従事する人びとであり、運動は合憲的で合法的な手法をとっていた。しかし、1972年以降、抗議デモや座り込みといった消極的抵抗運動は、警察によってかなり乱暴に抑えられるようになった。タミル人の若者は、彼らの尊敬するまじめな老紳士たち、おじさんや年配者たちが、路上で叩かれ体面を傷つけられているのを目の当たりにして、恐怖におののいた。これは、タミル人の若者の態度を硬化させた最初の出来事であり、この経験は、その後の武力闘争の土台となったのである。

その後に起こったのは、暴力とそれに対抗する暴力、という悪循環であった。

　スリランカ軍の猛烈な取り締まりにもかかわらず、タミル過激派の運動はとどまることがなかった。ついに、1983年7月、LTTEは13人のスリランカ軍兵士を奇襲攻撃し、殺害した。そして、スリランカの歴史にかつてなかったほどの大規模な民族暴動が起こった。兵士殺害への報復として、何千というタミル人が殺され、家々や商店が焼かれ、多くの女性がレイプされ、多くの人びとが難民キャンプへと避難したのである。この暴動は、当時の与党であった統一国民党（UNP）に扇動され、統率されていた。大統領はおそらく、暴動を「タミル人に教訓を与える」良い機会として歓迎したのであろう。そして、暴動を抑えるために政府が何もしなかったことについては疑う余地もない。警察と軍隊はこの大虐殺のいくつかの現場に立ち会っており、また虐殺を奨励したのである。後に「ブラック・ジュライ（黒い7月）」と名づけられた1983年の暴動は、シンハラ人とタミル人の関係の重要な分岐点となった。たとえば、この暴動が起こる以前、タミル分離独立国家への要求は、おそらく限られた支持を受けた半信半疑の叫びであった。しかし、この出来事の後、「タミル・イーラム」を強く支持する気持ちを持つタミル人が確実に増えたのである。

　ジャヤワルダナ政権成立以降の非常に重要な出来事として、スリランカの民族紛争に対するインドの関与をあげることができる。関与は2つの形で表われた。南インドの住民の感情の高まりと、インドの政府機関の関与である。南インドのタミル・ナドゥ州は、約6千万人のタミル人が住む、タミル人の故郷である。そして、当時彼らは、コロンボ政権のタミル人虐待に熱く強い反感を抱いていた。

熱狂的愛国主義の後退

　1987年7月、スリランカの主権を侵す形で、インド空軍がスリランカ上空を飛行した。同月、スリランカ大統領とインド首相は、和平協定（インド・ランカ条約）に調印した。そこで、スリランカの憲法を改正し、州政府を設立し、州レベルの分権を導入することに、インドのラティブ・ガンディー首相は同意した（憲法第13修正）。ただし、タミル人が多くを占める北部と東部は、一時的に北東部州として併合させ、分割するかどうかは、その後の国民投票で最終的に決めることになった。この政策は、独自のホームランドを認めて欲しい、というタミル人の要求を満足させた。また、LTTEをコントロールし、北東部を鎮静するため、インドは、10万人以上の兵士からなるインド平和維持軍（IPKF）をスリランカに派遣した。

　この条約は完全なものではなく、権力の蚊帳の外に置かれて不満であったLTTEや、大敗を押しつけられた熱狂的なシンハラ民族主義者を、満足させるものではなかった。しかし、そうであっても、これは問題解決のための重要な第一歩であった。スリランカにおける熱狂的なシンハラ民族主義者の大敗と、地方自治の原則の承認は、とくに重要であった。しかし、条約と憲法第13修正によって達成されるべきことがらは、ほとんど実現しなかった。この機会を台無しにしたのは、ジャヤワルダナ大統領とその後継者であるプレマダーサ大統領、およびLTTEであった。

　コロンボ政権が憲法第13修正を規定したにもかかわらず、それは実施段階において、完全にもぬけの殻となってしまった。名目的に設置された州政府には、その機能を十分に果たす機会が与えられなかった。というのは、中央政府は、州政府に与えられるはずであった大部分の権限を取り戻し、州政府は骨抜きの状態になってしまったのである。また、州政府には資金もほとんど供与されなかっ

た。このように、分権制の導入は、初日から土台を崩されたのである。

　この時期における、タミル権力闘争に関する重要な出来事として、LTTEがライバル組織を弱体化させ、または抹消し、最も強力なタミル集団となっていったことをあげることができる。LTTEは、武力闘争の必要性を正当化していた。この時期、武装したもしくはラディカルなほかのタミル人組織は、LTTEに吸収されるか消滅させられた。LTTEの最も矛盾した行動は、TULFの党首であったアミルタリンガム氏や、ヨゲスワーラン氏、ニーラン・トルチェルヴァム氏など、多くの尊敬すべき穏健なタミル人リーダーたちを殺害してきたことである。これは権力の独占を強化するという、LTTEの誇大妄想的な意図の表われである。ついに21世紀はじめ、TULFは、屈辱的にもLTTEの独裁を認めた。今日、LTTEは、タミル・ナショナリズムの第1の体現者であり、スリランカ政府は、どの政権でも、民族紛争と内戦の終結をめぐって交渉する際には、LTTEを交渉相手とせざるを得ない状況にある。

日本と国際社会の役割

　ユーゴスラビア、東チモール、アチェ、北アイルランド、ネパールでは、国内の諸勢力が抑えられなくなり、一般市民が大きな被害を受けていた時、国際社会の国々、国連、または特定の大国が、内乱を終結させるために主要な役割を果たした。国が分裂することで内戦が終結した場合もあり、また国の統一を保持したままで問題が解決した場合もある。いずれにしても、これらすべての国々の内戦終結において、国際的な影響が重要な要因となったことは確かである。今日、世界中の国々が相互につながり合っていることが、このような出来事の背景となっている。それでは、スリランカを例にとって考えてみよう。

スリランカ政府は、海外からの財政援助に大幅に依存しており、武器の調達に関しても海外に頼っている。LTTEも、その財源のほとんどすべてを、海外在住のタミル人からの送金に依存している。スリランカ政府の人権侵害の問題が注目され、欧米諸国の支援が遠のいていった時、政府は、日本、中国、パキスタン、イランなどの国々に支援を求めた。これらの国々は、人権侵害に関するいろいろな質問をして、スリランカ政府を困らせることはないだろう、と考えたからである。LTTEがEUと米国において禁止措置を受け、武器の供給チェーンが閉ざされがちになったころ、無敵の軍事力を誇ったLTTEの勢力は衰えた。全世界的な燃料と食糧価格の高騰による影響で、現在、スリランカの民衆は生活苦に陥っており、大規模な騒乱やストライキを起こす可能性がある。もしそうなった場合、政府の軍事戦略は行き詰まらざるを得ないであろう。さらに、スリランカ北部に住むタミル人の生活はたいへん厳しいものとなっており、そのため、LTTEへの支援は乏しくなりがちである。つまり、スリランカ政府もLTTEも、国際的な現実から逃れることはできないのである。

　国際的な影響を免れないのは、上述のような財政面のみでなく、政治や外交の面でも同様である。スリランカ政府は、2008年6月、国連人権理事会の理事国に再選されず、狼狽した。現在政府は、スリランカ国内に国連の人権機関の窓口を設置させるよう強い圧力をかけられている。政府は人権侵害に対する取り締まりを行なっていないため、全世界的に信用を得つつある「R2P」（Responsibility to Protect, 保護責任）のコンセプトに拒否反応を示しているようである。また、人権が十分保護されているとして、スリランカに与えられていた特定の非関税特権をEUが撤廃するかもしれないという、たいへん困難な問題にスリランカ政府は直面している。LTTEにとっても同様である。LTTEが、ヨーロッパ、米国、カナダにおいて禁止措置を受け、関係者が逮捕され、銀行口座が凍結されたため、深刻

な影響を受けたことは上述のとおりである。

　つまり、国際社会は、スリランカの内戦を終結させ、政治的解決を導くための圧力となり得る強い影響力を保持しているのである。その影響力は、国際社会が自覚しているよりもはるかに強い。とくにインドと日本は、スリランカに対して最も重要な役割を持つ国々である。インドが重要であるのは言うまでもない。一方、日本は、スリランカ政府の最大の援助国であり続けてきた。インドに関して問題なのは、タミル人が解決策を模索するのを支援するよりも、LTTEを飼いならすのに熱心なことである。インドがスリランカ政府と同様の考えを持っているかぎり（スリランカ政府は「まずLTTEをつぶせ、タミル人のことは後で考えろ」と思っている）、新しい停戦協定の締結や、新規の交渉を始めるための支援において、影響力を行使するのは困難であろう。日本に関して言えば、識者の見解や報道によると、スリランカ政府に優しくアドバイスをするだけで、人権侵害が継続して行なわれていても、「援助活動から撤退する」と強硬な姿勢で臨んだり脅したりはしない。しかし、前述のように、戦争の当事者は良いアドバイスや説教に真面目に耳を貸すものではない。「実際の行動」だけが彼らの注意を引くのである。日本が影響力を行使せず、寛大なアドバイスを与えるだけであれば、そのアドバイスは無視され、結局、何事も達成されはしないであろう。

　おそらく、国際社会の役割に関して一番の欠点であると思われるのは、国際社会の国々の中で行動が一致しないことである。その不一致を、スリランカ政府やLTTEは不当に利用することがある。たとえばLTTEは、自らの利益のためにノルウェーと他の国々との間の意見の相違に付け込んでいるのではないか、と思われた時期があった。幸い、この抜け穴は今ではふさがれた。また、インドは、スリランカに対して、分裂したアプローチを取っている。つまり、かなり以前のことではあるが、インドはLTTEを訓練し武器を与え

ていた。そして現在は、スリランカ政府に、諜報や特定の限られた形での軍事支援を行なっているのではないかと疑われている。中国とイランに関しては、自国の目的のために外交的な土壌を構築できるのであれば、援助受け取り側が人権侵害を犯していても関心を示さないと言われている。もちろん、こうした傾向はどの国にもあるが、欧米では、広い見識を持った国民の意見や、人権団体の強力なロビー活動が、それを抑制している。国際社会のメンバーたちの意図が一致しないという「パンドラの箱」のせいで、スリランカの内戦の両当事者は、人権侵害問題に対して怠慢な態度を取り続けることができるのである。この状態は許されるものではない。

民族紛争への解決策

　スリランカの何十年と続いた民族紛争を解決するための、さまざまな詳細な事項、たとえば、自己決定権、連邦制、新しい憲法制定の詳細などについて、深く分析的な解説をここでするのは、私の意図するところではない。ここでは、民族紛争解決を推し進めるために、最低限必要な項目についてのみ述べることにする。以下の項目を推し進めるために、国際社会は、平凡なアドバイスを供与するだけではなく、団結してその影響力を行使する必要がある。

(a) 戦争行為のすみやかな停止。その場合、以前の停戦協定時における支配地域の境界線でなく、現状の支配地域における境界線を守ること。
(b) 戦争行為の停止を持続性のある「停戦」に発展させるために、話し合いを始めること。その際には、2002年の停戦協定下で犯した間違いを繰りかえさないこと。
(c) 両者が、武力で問題を解決しようという意図を捨て、交渉による政治的解決をめざすこと。
(d) 人道的な惨事に対応するため、国内外の支援機関が、両支配地

域の現場を訪問できるようにすること。
(e) 国連の人権諸機関が、LTTE支配地域であるワンニ地方を含む、スリランカ国内のあらゆる地方を訪問できるようにすること。
(f) 交渉を行なうこと。その際、国際社会は、交渉の下地を作り、調停に関与すること。紛争の完全な終結をめざし、タイムテーブルに沿って交渉を実施すること。
(g) 政治的な問題解決の実現のための段階的な実施方法を見出し、合意すること。その段階的な実施方法には、武装勢力の統一化を含むこと。
(h) 新しい憲法の施行。新しい憲法は、最低、タミル人がほとんどを占める居住地域において、自分たちの事柄を決めるための、基本的な自治に関する権利が盛り込まれていること。また、その自治は、単一国家または単一憲法の枠組みに制約されないこと。
(i) 両者が解決策から逸脱しないことを、どちらもが確信すべきである。そのために、国際社会の担保を盛り込むこと。

　日本の人びとが、以上の項目を支持し、その実現のために適切と思われるあらゆる手段を講じるべく、日本政府に申し入れるよう、心から期待する。また、世界各地のスリランカの友人たちにも、同様に行動するよう呼びかけたい。

（Kumar David）

【Ⅱ　スリランカ現地からの声】
スリランカの長引く紛争と危機

ジャヤデーヴァ・ウヤンゴダ

　スリランカの内戦は、現在、激化している。これは、2002年から2003年まで続いた、スリランカ政府とタミル・イーラム解放の虎（LTTE）との間の和平交渉が破綻したことが背景となっている。現在両者は、交渉による政治的歩み寄りではなく、軍事力による制圧をめざしているようである。

　2002年から2003年までの和平交渉は、非常に意義あるものであった。この和平交渉は、外国の調停によるスリランカ政府とLTTEとの直接交渉が中心であった。停戦協定が調印され、和平交渉の実施に必要な、紛争の鎮静化のための体制が作られた。また、その協定は国際監視団によって監視された。国際社会は和平交渉を政治的に支持し、また、和平構築のために相当額の経済的支援を供与することを約束した。2002年には合計5回の直接交渉がもたれた。2002年12月に開催されたオスロ和平会議において、スリランカ政府とLTTEは、「スリランカという統一国家の枠組みの中で連邦制を導入する」ことを、紛争の解決策として「検討する」ことに合意した。

　しかし両者は、停戦協定やオスロ和平会議を前進させ、和平交渉をさらに進展させることができなかった。両者は、完全な和平合意

と民族紛争の終焉をめざすべく、政治的な解決策を真剣に検討する準備ができていなかったようである。

　2002年から2003年に実施された和平交渉が行き詰まったのは、多数民族であるシンハラ・コミュニティの間に「LTTEとはいかなる和平合意もしてはならない」と主張する反対勢力が隆盛したからである。スリランカ自由党（SLFP）と人民解放戦線（JVP）は、共同してこの反対勢力の先陣指揮をとった。彼らの主張は、「国際社会が調停し、与党の統一国民党（UNP）が進めている和平への動きは、スリランカに持続的な和平をもたらすものではなく、LTTEによるタミル分離国家を作り出すものだ」というものであった。当時LTTEは、暫定自治権や広い範囲に及ぶ自己統治と地方分権を要求しており、これらの要求が、上述のシンハラ民族主義者の主張をさらに盛りあげる結果となった。

　2002年から2003年のあいだにわき起こった、交渉による和平の実現が失敗に終わった理由について、いくつか重要な事柄を指摘したい。第1に、交渉の結果「何がどこまで受け入れられるか」に関して、政府とシンハラ・コミュニティの間、およびLTTEとタミル・コミュニティの間に、大きなギャップがあったことがあげられる。たとえば、政府の提示した政治的解決策の構想は、タミル・コミュニティにとって、あまりにも不十分な点が多かった。そして、LTTEの提示した策は暫定的な解決策であるとしても、シンハラ民族主義者にとっては分離独立国家設立への設計図のように見えたのである。今後、交渉を実施する際には、こういった基本的な問題を克服するよう考慮する必要がある。

　第2は、タミル人の政治的な強い願望を満足させるべく解決策を提示するのであれば、スリランカの現行の行政制度である州政府制度にある自治権をはるかに超えた、広い範囲における地方自治権が盛り込まれる必要がある。

　第3に、多数民族であるシンハラ人社会、およびシンハラ政党の

▼2002年、和平合意に署名するLTTE指導者プラバカラン

内部での、広範囲にわたる政治的な意思統一なしには、タミル人との和平合意を果たすことは不可能である。このことは、和平合意事項を憲法に盛り込む際にとくに重要となる。というのは、広範囲における権限分割を実現するためには、憲法の改正が必要となるからである。憲法の改正のためには、国会において3分の2以上の賛成票を獲得する必要がある。しかし、スリランカにおける現行の選挙制度では、どの政党も、3分の2どころか半数の議席も確保できない状況にある。したがって、政治的な憲法面での民族紛争の解決を実現するためには、最低、2大政党であるSLFPとUNPの間の意思統一が必要である。

　第4に、和平合意においては、ムスリム・コミュニティを、1当事者として含む必要がある。スリランカ東部地方におけるムスリム・コミュニティの政治的願望は今や、地方自治制度を獲得したいという思いにまで拡大している。つまり、スリランカでは、シンハ

スリランカの長引く紛争と危機 | 31

ラ、タミル、ムスリムの3者を当事者とした和平交渉が必要となっているのである。

　5番目として、スリランカの和平交渉の調停において国際社会は重要な役割を持つが、第3者がその役割を十分に果たせるかどうかは、「交渉と政治的歩み寄りにより和平を達成しよう」という強い意志と能力が、スリランカの当事者たちにあるかどうかに大きく左右されることをあげる。であるから、スリランカの紛争解決における国際社会の役割は、限られた範囲内のものであることを認識しておかなければならない。

　スリランカでは現在、戦争行為が継続的に激化している。政府は「武力をもってLTTEを打ち負かすことなしに、紛争を政治的に解決することは不可能である」、あるいは「政治的に解決をしたとしても、それは持続的なものではない」と確信しているようである。一方、LTTEは、「政府を相手に政治的解決を実現するのは不可能だ」と考えているようである。このように現在、双方が武力による勝利をめざしているように見受けられる。そして政府は、1年間という短期間にLTTEを打ち負かすことができると考えている。しかし、事情に通じた識者たちは、この見通しに関してかなり懐疑的である。戦争の経済的負担が増加しつつあり、経済状況が悪化の一途をたどる中、高額な出費を必要とするLTTEへの集中的な攻撃を長期間続けるのは、政府にとってかなり困難な事業であることは確かである。

　LTTEが武力によって政治的目標を達成しようとしているので、タミル民族主義者の政治家たちは非常に困難な状況に陥っている。LTTEは、スリランカ政府との長期間の戦争を継続できるかも知れないし、継続できないかもしれない。いずれにしても、このように「戦争」という形がとり続けられるかぎり、一般のタミル人が、平和と正常な日々を取り戻すことはできない。過去においてもそうであったし、これからもそうなることは確かである。彼らは実に、

25年の長期間にわたる流血の内戦の犠牲者である。なお、LTTEは、軍事組織から「民主的な政治団体」へと自らを組織改革する意思や能力を示していない。そのため、「タミル人を解放する」というLTTEの言い分は、素直に受け入れがたいものとなっている。そして、LTTEは多くの国々においてテロ組織として禁止処置を受けているのである。

現在のところ、スリランカのこのような危機的な状態に関して、政治的な解決が実現する明確な兆しはどこにもない。近いうちに、政府とLTTEが交渉のテーブルに着く気配もない。もし両者が交渉のテーブルについたとしても、政治的歩み寄りが実現するとは思われない。

この状況は、マイノリティの権利、人権、民主主義における権利、交渉による和平の実現、政治的改革などを支持する和平支援団体にとって大きな挑戦である。継続する戦争行為は、人権侵害を拡大させ人道的危機を作り出すであろうし、また、民主的統治の実現も危ぶまれるであろう。このような状況のもと、人権を擁護し、市民的・政治的権利と民主主義を守ることが、緊急の政治課題となっている。

そこで和平支援団体は、スリランカの民族紛争を長期的な見地で考え始めるべきである。この内戦もしくは民族紛争に、短期的な解決策はない。この長期的な紛争は、長期的な和平プロセスを必要とする。そして、経済的・政治的危機と戦争疲れのムードが現在の戦争行為の直接の結果として現われてきた時、市民社会の要求によって、「和平」が政治的課題の1つとしてふたたび取りあげられるようになる可能性がある。

（Jayadeva Uyangoda）

【Ⅱ　スリランカ現地からの声】
スリランカ高地プランテーション・タミル人のマイノリティとしての権利

ピッチャイ・ペルマール・シヴァプラガーサム

　高地プランテーション・タミル人は、スリランカの全人口の約5.4％[*1]を構成するマイノリティである。英国統治時代の1820年代前後に、プランテーションにおける半奴隷的な労働に従事させるために、南インドの住民をスリランカに連れてきたのが、われわれ高地プランテーション・タミル人の起源である[*2]。この半奴隷的な労働制度は、独立後、労働組合の発展、プランテーションの国有化とそれに続く民営化にともなっていくらか変化した。しかし、スリランカのプランテーションに住む人びとは、現在でもまだ、市民権、政治・経済・社会・文化・発展の権利に関して、さまざまな差別を受けている。1949年、スリランカ政府が導入した法律により、特定の人種を対象に市民権が剥奪され、われわれ高地プランテーション・タミル人は選挙権を失った。さらに、この措置のせいで、高地プランテーション・タミル人は、スリランカ国民・スリランカ市民になるために面倒で時間のかかる道を歩まなければならなくなった。2000年以前は、実に何千何百という高地プランテーション・タミル人に市民権が与えられていなかったのである。

　なお、この問題については、反差別国際運動（IMADR）が国連人種差別撤廃委員会（CERD）の委員たちと話し合いをもっている。

▼広がる紅茶プランテーション（キャンディにて。以下、この記事の写真はすべてキャンディで撮影）

　2001年の国勢調査によると、プランテーション・セクターに住む高地プランテーション・タミル人は、スリランカの全人口の5.4%を占めている。そして、プランテーション・セクター以外に住む高地プランテーション・タミル人を合わせると、その数は6%を上回る。

　市民権をめぐる問題

　2003年の市民権法35番は、インド起源の市民権のない人びと（高地プランテーション・タミル人）に市民権を与えるために作られた法律であり、公的には、問題は解決に向けて一歩前進したことになる。この法律により、約20万人[*3]の高地プランテーション・タミル人が、これまでほかの法令のもとに市民権を与えられた人びとと同様に、市民権を登録し、与えられた。しかし、その後も、高地プランテーション・タミル人と行政機関との間にはさまざまな問題が起こった。その問題は村の行政官から始まった。「グラマセーワカ」と呼ばれるこの村落行政官は、高地プランテーション・タミル人が、選挙の投票者名簿に名前を登録する権利を認めなかったのである。

▼プランテーションで働く女性たち

　村レベルの行政官のこのような態度は、以前、中央の行政官が高地プランテーション・タミル人の選挙権を否定したことを思い起こさせるものであった。

　村落行政官は、選挙登録をしようとする高地プランテーション・タミル人に、「市民権証書」を提出するよう要求したのである。多くの高地プランテーション・タミル人にとってこれは困難なことであった。というのは、以前の市民権法のもとで市民権を獲得した人びとのうちの多くは、1983年に起こった民族暴動によって市民権証書を紛失してしまっており、また、2003年の新しい市民権法35番のもとでは、市民権証書は交付されなかったからである。

　長引く民族紛争の影響で、われわれが現在直面している最も深刻な問題は、高地プランテーション・タミル人の若者が、突然、逮捕されたり拘束されたりすることである。これは、彼らが国民IDカードを提示して身元を証明できないことから起こる。なぜ彼らは国民IDカードを持っていないかというと、彼らの多くが生まれたプランテーションにおいて、国民IDカードを登録・作成するための適切な仕組みがないからである。そのような国民IDカードを持たない高地プランテーション・タミル人の若者にとって、自由に移動す

ることは難しく、したがって、プランテーションの外で仕事に就くことも難しい。これは、彼らの移動と雇用の自由の権利を否定するものである。

不十分な言語権の保障

　タミル語はスリランカの公用語として認識され、北部州と東部州においては実質的に公用語として扱われてきた。しかし、高地のプランテーション地域では、県庁、郡庁、郵便局、警察署などの公的部門に、適切な数のタミル人職員がいない。そのため、プランテーション労働者は、警察に届け出る時、出生・死亡・婚姻を届け出る時、公的書類を入手する時、その他、日常のさまざまなやりとりの中で困難に直面している。多数民族の言語であるシンハラ語しか理解できない公務員は、しばしば、高地プランテーション・タミル人の名前の綴りを間違えることがある。そのせいで、公文書に関するさまざまな問題が起こる。たとえば、プランテーション労働者が、公文書にある名前の綴りが違うことを理由に、退職金を受け取れないことがある。このように、スリランカでは、高地プランテーション・タミル人の言語権が尊重されているのかどうか疑問がもたれる。

統計から見る貧困度

　また、高地プランテーション・タミル人の貧困の度合いとその数は悪化しつつある。2002年において、人口の約5％が居住しているプランテーション地域の貧困度は、全国平均を7％上回っていた。世界銀行の報告書には、プランテーション地域では「長いあいだ、開発が止まったままであり、福祉に関してはまったく手が打たれていない」と記述されている（世界銀行、2007年）[*4]。プランテーション地域の住民のうち32％が貧困であるとされているが、政府の福祉

施策の恩恵を受けているのはわずか13%のみである。スリランカは、貧困削減に関して、ミレニアム開発目標を掲げる国々の中の1つである。この目標を達成するには、高地プランテーション・タミル人を含むすべての人びとのための、包括的で透明性のある施策が必要とされている。これは高地プランテーション・タミル人の発展のための「権利」であり、ミレニアム開発目標のもと一般的な組織構造の枠組みの範囲内にある。これを否定することはできない。しかし、政府は、高地プランテーション・タミル人にこの「権利」を与えることに、これまで失敗している。それは、政府統計局による、1991年から2007年までの貧困人数指標の推移を見るとよくわかる（下表）。

【表】貧困人数指標1991～1997年

		調査期間における貧困人数指標（%）			
		1990/91年	1995/96年	2002年	2006/07年
全　　国		26.01	28.8	22.7	15.2
地　　域					
	都市部	16.3	14.0	7.9	6.7
	農村部	29.5	30.9	24.7	15.7
	プランテーション	20.5	38.4	30.0	32.0

　プランテーションは、国有化の後、ふたたび民営化され、現在、20社の私企業[*5]により運営されている。プランテーション労働者の賃金と福祉活動は、プランテーション労働組合と使用者連盟が署名する団体協約により決定され、労働省はこれを是認するに過ぎない。茶摘み労働者の現在の日給は200ルピーであり、労働者がこの日給を受け取るためには、最低23kgの茶葉を摘まなければならない。
　また、プランテーション地域では、経済的、社会的および文化的権利に関する国際規約（社会権規約）上の権利が侵害されている。プランテーション労働者は、長年、国の経済に貢献してきたにもかか

わらず、彼らの賃金には現在でも「日給」制が採用されており、これを「月給」制に変えようという動きは見られない。

　さらに、政府所有のプランテーションが適切に維持管理されていないことを指摘しなければならない。政府所有のプランテーションは、リース契約により公的組織以外の団体に貸し付けられており、そこでは、労働者への社会福祉がまったく施されていない。それらプランテーションでは、宝石が採掘されたり、プランテーション内の木が木材として売却されたりしている。こういった状況は、労働者の権利と、彼らの次の世代の子どもたちの生きる権利への重大な脅威となっている。紅茶プランテーションが手放され、土地がこのような形でリースに出されたために、労働者は雇用の機会を失い、定収入を得るすべをなくし、深刻な貧困に陥っている。これは、彼らの子どもの、教育や健康に関する権利にも影響を及ぼしている。すべての子どもは、最低限、生きる権利とまともな教育を受ける権利を有するべきである。しかし、これらプランテーション労働者の子どもはこの最低限の権利を奪われている。このような不当な状況は許されるべきものではない。

教育権・健康権の状況

　高地プランテーション地域の識字率は、ほかの地域と比較して低い。2003年と2004年において、男性の識字率は、農村部が94.7％であったのに対し、プランテーション地域は88.3％であった。また、女性の識字率は、農村部が91.1％であったのに対し、プランテーション地域は74.7％であった（世銀2007年）。プランテーション地域では、貧困の影響により、読み書きが少ししかできないか、またはまったくできない人びとがいると考えられる。識字率に関する主な指標によると、プランテーション地域が最も識字率が低い。また、プランテーション地域の子どもの37％が児童労働に従事しており、

▼プランテーション・タミルの人びとが住む長屋

そのほとんどが搾取されている。一方、農村部における児童搾取率は14％である。これらの統計からは、プランテーション地域の住民には、教育の機会や資源が乏しいことがわかる。

また、プランテーション地域の住民は、健康に関する権利においても深刻な問題に直面している。2003～4年のプランテーション地域の保健制度に関する調査によると、プランテーション地域の住民の63.4％[*6]が「ライン」と呼ばれる粗末な長屋に住んでいる。この長屋は、健康なライフスタイルに必要な構造をなしていない。プランテーション地域住民の子どもの30％は、出生時に低体重であり、40％の子どもが低身長で低体重である。これらの統計は、プランテーション地域には基本的な保健施設が整っていないことを明らかにしている。

民営のプランテーションで、プランテーション労働者の社会福祉状況を向上させるために、プランテーション人的開発信託基金が設立された。同信託基金はさまざまな施策を効果的に実施しているが、家族計画に関する方策については、性と生殖に関する権利（リプロダクティブ・ライツ）の観点から疑問が持たれる。たとえば、多くのプランテーションにおいて、女性が強制的に家族計画に参加さ

せられたという報告がある[*7]。そこでは、「避妊手術を受けるために、女性たちがトラックで診療所に運ばれ、またトラックでプランテーションに帰された」と記されている。この記述からは、プランテーションの女性の識字率が低いのをいいことに、保健職員が、安全で一時的な避妊方法がいいか、それとも恒久的な避妊方法がいいか、選ぶ機会を女性たちに与えていないことがわかる。このことから、高地プランテーション・タミル人女性の性と生殖に関する権利が侵害されていると言える。

提 言

- 高地プランテーション・タミル人が市民権に関して差別されないために、憲法の改正と行政制度の変更が必要である（2001年CERD最終見解）。行政官には、高地プランテーション・タミル人、および、プランテーション居住者の投票権についてのさまざまな法律に関する、適正な指示を与えるべきである。このようにして高地プランテーション・タミル人はスリランカの行政システムに有意義に参画すべきである。
- マイノリティのコミュニティと高地プランテーション・タミル人のために、独立した「マイノリティの権利に関する委員会」を設立し、タミル語を話す職員を配置すべきである。もしくは、スリランカ国家人権委員会内にそうした部署を設置し、タミル語を話す職員を配置するとともに高地に委員会の支部を設置して、高地プランテーション・タミル人に対する人権侵害を監視し解決を図るべきである。
- 国家機関や公的な場所において、タミル語が使用されるような仕組みを導入すべきである。
- スリランカ政府は、ミレニアム開発目標において、プランテーション・コミュニティの発展を確実に促進するための組織づく

りに関する施策を、早急にとるべきである。高地プランテーション開発当局は、国際開発やその他の機関による資金援助を受け、開発プロジェクトを早急に実施すべきである。
- 物価上昇に対応して、民営のプランテーションを含むプランテーションの労働者に十分な月給制度を導入するか、もしくは生活手当を支給すべきである。
- プランテーションが効率的かつ持続的に機能するよう、モニターするための機関を導入・設立すべきである。また、プランテーション産業の発展のために骨折ってきたプランテーション労働者自身がプランテーションの利益の配当を受けるべきである。
- プランテーションの医療制度を、効率的で効果的にするために、国の医療制度との一元化を図るべきである。
- プランテーションにおいて、教育に関する人材や物的資源を強化すべきである。また、それら人材や物的資源は「積極的是正措置」に基づいて分配されるべきである。

【注】

1 Department of Census, *Sri Lanka Censes and Population*, Colombo, 2001.
2 Nadesan S., *A History of the Up-country Tamil People in Sri Lanka*, Hatton, Sri Lanka, 1993.
3 Office of the United Nations High Commissioner for Refugees, *Focus on Protection*, Colombo, 2004.
4 World Bank, *Sri Lanka Poverty Assessment*, Colombo, 2007.
5 Program Support Group, *Status of Workers Housing in Plantations*, Colombo, 2004.
6 Central Bank of Sri Lanka, *The Consumer Finances & Socio Economic Survey Report 2003/04*, Colombo, 2005.
7 Home for Human Rights, *Beyond The Wall*, Quarterly Journal, Colombo, 2003.

（Pitchai Perumal Sivapragasam）

【Ⅱ　スリランカ現地からの声】
内戦再発で増え続ける避難民

反差別国際運動（IMADR）事務局

　スリランカの人びとが、内戦の再発という危機的状況に直面している。スリランカ東部・北部におけるスリランカ政府軍とタミル・イーラム解放の虎（LTTE）の戦闘は激化し、戦闘地域に暮らす約3万5千人の住民が生命の危機にさらされている。国内避難民の数は2008年現在、48万人以上にのぼり、1万5千人が定員オーバーの危険なボートに乗って海峡を渡り、隣国インドの海岸に逃れ難民となっている。そして、一般市民も含め3千数百人が命を奪われている。

　そうした中、IMADRアジア委員会は、トリンコマリの国内避難民キャンプおよびインドのタミル・ナドゥ州の避難民キャンプへの訪問を続けている。それらの報告からは、スリランカの北・東部で、何千もの人びと――そのほとんどが女性と子ども――が、強制移動させられている実態が伝わってくる。そして、この紛争の影響を受けてしまっているほとんどの村は、2004年12月のインド洋沖津波の被害を受けた地域と重なっているが、戦闘が激化して以来、置き去りにされている。今回が2度目・3度目の避難生活という難民も多い。アジア委員会のメンバーがインドの難民キャンプで出会った1人の難民はこう語った。

　「最初は1985年に父と一緒にインドに避難し、1987年まで滞

▼カンタライの避難民キャンプ

在しました。そして、タラマナル桟橋まで海を渡って戻りました。1990年にふたたび父が私をここへ連れてきて、1993年まで住みました。そして今日、私は今度は自分の息子を連れて、彼の身の安全のためにまたここに戻ってきました。父、私、そして息子と、3世代にわたりインドに逃れ難民となっているのです」。

　戦闘激化の悪影響は、少数のタミル人やムスリムなどのマイノリティだけでなく、今やスリランカのすべての民族に影響を及ぼしている。LTTEの戦略によって、約3万人のムスリム住民が東部トリンコマリのムトゥール地区から強制退去させられた。また、スリランカ政府も、トリンコマリ、ジャフナ、マナーやその周辺の村々からタミル人を追い出した。さらに、戦闘の激化を受け、3千以上の家族が、トリンコマリとバティカロアの県境にあるシンハラ人が多く住む村から強制移動させられた。2006年8月には北部のジャフナ半島に続く唯一の道路が封鎖され、物資が輸送できなくなった。これにより、手に入る食糧は限られ高値になり、漁や農業で生計をたてている人びとの生活は困窮している。乳製品は購入不可能である。

　人道支援を行なうNGOの安全にも深刻な懸念が及んでいる。国際赤十字委員会のような国際NGO団体や国連難民高等弁務官

(UNHCR)事務所は、スリランカ政府により行動を制限されている。今となっては、安全な物資輸送ルートは保障されないのである。

▼トリンコマリの避難民キャンプ

そうした困難に直面しつつ、スリランカ現地の草の根の活動家たちは懸命の努力をしている。一刻も早く和平交渉が再開され、武力衝突回避が合意され、これ以上犠牲が増えないよう国内外に働きかけている。活動家たちはまた、戦闘時において最低限の人権や人道上の基準が守られ一般市民を巻き込まないようにするために、独立した国内調査機関の設置と国際的な独立した人権・人道監視団の派遣を求めている。

そして、言うまでもなく、避難民や難民となった多くの人びと——とりわけ支援物資が届きにくい地域に避難しているマイノリティ——が最低限の生活をできるよう、食糧や支援物資、また子どものための粉ミルクや学用品を届けることに必死である。IMADRアジア委員会は、北部のジャフナへ乳製品を船便で送ったり、粉ミルクや基礎的な医療器具、乾燥食糧を東部地域のキャンプに届ける活動を展開してきた。

スリランカと、スリランカへの屈指の援助国である日本とに活動拠点を持つIMADRに何ができるかが厳しく問われている——戦争がなく、民族や宗教による差別のない共生社会をはぐくむために、草の根の被差別当事者とともに平和構築のために積極的な活動を展開したい。

避難民の置かれた状況についての詳細は、「資料編」に掲載の報告書を参照されたい。

【Ⅱ　スリランカ現地からの声】
スリランカにおけるIMADRの活動

反差別国際運動（IMADR）アジア委員会

　IMADRアジア委員会は1996年に活動を始めた。広く人種差別撤廃条約にかかわる諸活動を促進することが目的だった。とくに次の点を扱うことを任務としていた。
(1) カースト、職業と世系に基づく差別
(2) マイノリティの権利、とりわけ民族的・言語的・宗教的コミュニティを中心に
(3) 女性に対する複合差別、とりわけ人身売買、移住、武力紛争状況下での問題を中心に

　活動開始以来、スリランカのコロンボに事務所を置き、メンバーやパートナーの幅広いネットワークの中で上記の活動に従事してきた。これらの領域で生起する課題にかかわるプログラムや提言を実施すべく、スリランカ、さらには南アジアの市民社会との関係を強化してきている。

カースト、職業と世系に基づく差別

　IMADRアジア委員会はチェンナイの「ジェンダーと開発（GAD）プログラム」および「タミル・ナドゥ女性フォーラム」とも緊密に

連携している。また、ヒューマン・ディベロップメント協会（HDO）とも一緒に活動している。HDOはIMADRアジア委員会の会員団体で、スリランカのキャンディに本拠地を置き、プランテーションにかかわる活動を行なっている。アジア委員会は人種差別撤廃条約をシンハラ語とタミル語に翻訳し、コミュニティのレベルでの研修プログラムを実施してきた。また、2000年に人種差別撤廃委員会（CERD）にNGO報告書を提出したことへのフォローアップとして、プランテーション労働者に市民権を与えるよう求める署名運動を、HDOとともに始めた。

さらに、HDOとともに、スリランカにおけるカースト・職業と世系に基づく差別の分野での文書作成に取り組んでいる。

マイノリティの権利

スリランカおよび南アジアでの人権政策提言にかかわる活動は、人種差別撤廃条約の条項や、世界人権宣言その他関連する国際法文書に基づいている。アジア委員会は過去数年来、スリランカでの人権侵害に関する次のような活動に取り組んできた。

(1) 国連人権理事会への働きかけ
(2) 人権の保護・促進のためスリランカの市民社会におけるさまざまな取り組みに参画し、タミル人やムスリムのコミュニティが直面する深刻な人権侵害を明らかにする
(3) 国内避難民の権利を訴えるため視察調査団に参加する
(4) スリランカ北部州および東部州での、津波災害に関連する活動

スリランカからの移住労働者（とくに女性）の権利保障促進

国外で働くスリランカ人移住労働者、とりわけ移住労働女性に対する人権侵害を記録している。移住労働者たちの自信回復を促し、

定期的に会って、人権侵害に対する補償を獲得するための支援をしている。移住労働者たちの福祉の増進についても努力している。政策担当者への働きかけも定期的に行なっている。2007年にイスラエル・レバノン間で武力衝突が起きた際、アジア委員会にはレバノン在住の移住労働者たちから200件もの相談が寄せられた。この時は、家族がスリランカ海外雇用庁に問い合わせをするのを手伝うとともに、事務所に24時間受け付けの緊急対応デスクを設置した。

アジア委員会では、移住労働女性たちの政治や意思決定機関への参加促進をはかっており、移住労働女性の組織化にも取り組んでいる。啓発のための国際キャンペーンを立ちあげ、移住労働者権利条約に関する提言活動を促進し、労働組合や人権活動に携わる人びとに向けても、この問題に関する意識喚起を行なっている。

IMADRアジア委員会は南アジアのネットワークである南アジア地域公正（SARI-Q）のフォローアップ活動を支援する栄誉にあずかった。SARI-Qは、人身売買をなくす活動を促進し、移住労働者の権利の保護・促進のための戦略づくりに取り組むインド、バングラデシュ、スリランカ、パキスタン、ネパールの団体のネットワークである。

国際人権メカニズムの利用促進

人種差別撤廃条約をシンハラ語とタミル語にそれぞれ翻訳した。

先住民族ヴェッダ・コミュニティの自立支援

スリランカの先住民族コミュニティである、マヒヤンガナヤのダンバナにある、ヴァニアラト・コミュニティと密接に連携している。子どもたちへの学習教材の提供、女性たちへの啓発プログラムといった支援にたずさわった。

▼IMADRアジア委員会の支援で運営される保育所(ガムパハ県ネゴンボ)

ジュネーブでの人権に関する提言活動

　アジアの国々のNGOと連携して、国連欧州本部のあるジュネーブで人権に関する提言活動を継続して行なっている。この間、スリランカの人権課題についての市民社会からの働きかけを支援したり、人権理事会の会期中に関連のイベントを開催した。

ネットワーク活動

　人権、人身売買、移住、カースト差別の分野で、南アジア地域およびASEAN地域の他のNGOと非常に緊密に連携して活動している。

III スリランカに赴任したNGO職員の体験から

▲ジャフナに見られる宗教(撮影:小野山亮):ヒンドゥー寺院(左上)、イスラム教モスク(右上)、キリスト教教会(左下)、仏塔群(右下)

【Ⅲ　スリランカに赴任したNGO職員の体験から】
紛争地ジャフナからの報告

小野山 亮

はじめに

　私がジャフナ（ヤールパナム）を初めて訪れたのは、2003年1月のことである。当時私は反差別国際運動（IMADR）に所属していた。ジャフナは海に囲まれた美しい半島であるが、スリランカ内戦の激戦地となった場所である。シンハラ人が多数のスリランカにあって、ジャフナは少数民族タミル人が多数を占める場所で、タミル人武装勢力のほとんどがここから生まれた。現在、政府領域となっているが、南方にLTTE領域をはさむため、政府領域としては飛び地となっている。

　スリランカのほかの地域でも兵士が警備を固めているのを目にすることはあったが、戦闘のあとを見ることはなかった。しかしここでは破壊された建物、軍駐屯地、地雷注意の標識、有刺鉄線などが目につく。道路沿いの店々にはヒンドゥー教の神々が奉られているのが見える。仏教徒が多数のスリランカにあって、不思議な感覚におちいった。私は初めて訪れたジャフナに、緊張と言うよりは表現しがたい興奮を覚えた。この滞在時、ジャフナは「タイ・ポンガル」の日を迎えた。タミルの人びとが自然の恵みへの感謝と祈りを捧げ

る大事な祭日である。2002年2月の停戦協定以来、初めてのタイ・ポンガルを迎えた人びとは、大々的にこの祭日を祝っていた。夜通し爆竹が鳴り、タミル音楽が大音量で流れる。眠りにつくことができなかったが、私も胸が高鳴った。この時にはまた、ムスリム・タウン（イスラム教徒の町）も訪問した。ムスリムは過去ジャフナを強制的に追われ、破壊されて瓦礫となった家々が道の両側にずっと続いている。異様な光景にしばらく立ちすくんだ。

2005年3月、今度は、私はNGOのアジア太平洋資料センター（PARC）による漁業復興支援の駐在員としてジャフナに赴任した。この時ジャフナは、インド洋沖津波による大きな被害もこうむっていた。停戦協定以後は多くの援助団体も入り、復興も進んでいたが、その後の和平交渉や津波後復興過程において、進め方や要求をめぐり不信や反発が高まっていた。駐在中には、暴力拡大、戦闘再開を目の当たりにし、船による退避など経験することとなった。この文章はその間の記録である。

急転

事件が身近なところで起こったのは2005年10月7日のことだった。現地職員が「何か音が聞こえた」と言う。様子を見に行ったドライバーが「人が撃たれた」と言って戻ってきた。ほんの100m先の交差点で、白昼、バイクに乗っていた男性が銃で撃たれて殺害されていた。倒れたバイク、ヘルメットをかぶったまま不自然な姿勢で動かない男性、道路に流れる大量の血。すでに7月ごろからこうした事件が起こるようになってきていた。コロンボでは8月12日にカディルガマル・スリランカ外相が暗殺された。

11月17日、スリランカでは大統領選挙が行なわれ、対LTTE強硬派のスリランカ自由党（SLFP）マヒンダ・ラジャパクサ首相が当選した。投票前、街角でのチラシや貼り紙なども含め、どこからと

▼戦闘で破壊された建物（2003年1月、ジャフナ、筆者撮影）

もなく投票ボイコットの呼びかけが広まっていた。結局、ほとんどの人が投票をボイコットした。LTTEがボイコットを強制したという報道も見られた。対LTTE強硬派の人物が大統領となれば（投票があればタミル票は強硬派には行かなかった）、LTTEとしても政府への対決姿勢を強め、人びとの共感を集めることができるためとも言われる。11月27日、LTTE戦死者の追悼日「英雄の日」の声明で、LTTE指導者（V・プラバカラン）は「自決のための闘い」の強化を示唆した[*1]。

　12月4日、事務所で何か大きな音を聞いた。スリランカ軍兵士6人死亡、1人負傷、一般市民3名負傷。「クレイモア」と呼ばれる取りつけ式の爆発物が使用された。クレイモアは、爆発により中にある多数の鉄球が飛び散り、人の殺傷を狙う。手榴弾を用いた軍への攻撃も報告され始めた。軍も発砲で応じている。12月6日、軍を狙った2度目のクレイモア攻撃で死傷者が出た。事件を受けて、政府はLTTEへの非難を行なっていた。その後も引き続く事件を受け

紛争地ジャフナからの報告 | 53

▼地雷注意標識（2003年1月、ジャフナ、筆者撮影）

「人民軍（マッカル・パーダイ）」という団体名で犯行声明などが出されたようであったが、LTTEが市民の自発的な抵抗運動であると見せかけようとしているとも言われていた。

　その後、ジャフナでは爆発音や銃声がこだまするような日々が続いた。要所（町中ではほとんどの交差点）に見られる軍の監視所への手榴弾投げ込みと兵士の応射が頻発し、市民を含む多くの死傷者を出した。ジャフナ大学での学生と兵士の衝突も報告されていた。軍兵士は増員され、至るところに配置されていた。これまでは見なかった覆面兵士や、大型の機関銃を手にした兵士もいる。ほかに顕著になったのは、暗殺事件や強制的失踪、そして大規模な捜査活動や逮捕・拘留などだった。多くの事件で犯人の特定ができず、人びとに恐怖と不安を与えた。その後、政府領域を出てLTTE領域に移る人の数が増大した。自分や家族への直接のトラブルを恐れてという人たちを含むが、さらなる治安悪化を恐れて逃げる人たちも多いようだった。

12月26日、インド洋沖津波の1周年追悼式典が私たちの活動地の1つマナッカドゥ村でも行なわれた。追悼式の後には犠牲者の数だけ椰子の若木が植樹された。紛争に加えて津波にも襲われ、村人はいまだ仮設住宅に暮らしている。道中、海岸沿いの道では、隊列を組んでかなりの兵士が歩いていた。

　翌2006年の4月10日、NGOのカリタス・ヒューデックの車両が軍車両とすれ違った際に、軍を狙ったクレイモアが爆発し、多数死傷する事件があった。お世話になっていた2人のNGO職員も犠牲になった。遺体の損傷が激しく、葬儀の際、棺の中で式服に身を包んだ2人の遺体が着いたのは、何時間も後になった。在ジャフナのNGOは抗議声明を発表するとともに、抗議のため活動を一時停止した。

▼LTTEの自爆兵士「ブラック・タイガー」最初の自爆攻撃の日(1987年7月5日)を知らせるポスター
（2005年7月、ジャフナ、筆者撮影）

　このころ、治安悪化にともない、NGOの活動も制限を受けるようになっていた。移動やアクセスの制限、活動に当たっての新しい手続きも導入されていた。国防省発行の労働許可証の取得も必要となり、コロンボへ向かうこととなった。手続きを終えて国防省から海岸沿いに出たちょうどその時——

　「どん」

　地響きのするような大きな爆発音が聞こえた。陸軍司令官を狙ったと思われる自爆攻撃だった。9名が死亡、27名ほどが負傷。司令官は重傷を負った。LTTE女性兵士によるものだと報じられていた。

身元確認のためだとして、その女性の、爆発により切断された頭部の写真が公開された。両目がかっと開かれている。

　自爆攻撃が行なわれた4月25日夜と翌日朝、政府軍が東部トリンコマリのLTTE支配地域を空爆した。停戦合意以後、初めてのことであった。

　状況は加速して悪化し、7月には激しい戦闘が始まった。トリンコマリのLTTE領域にある水門が閉じられたため、政府領域である下流域の住民が困窮。LTTE側は、LTTE領域の住民が、政府提案の飲料水供給施設が自分たちの地域に実現されないことに抗議して水門を閉じたと主張している[*2]。政府軍は7月26日より北部・東部で毎日のように空爆、ジャフナでも東岸の前線で砲撃戦、同じく東岸のLTTE領域（ジャフナの一部はLTTE領域）で空爆があったようである。政府軍は水門を支配下に置くために陸上部隊を展開、激しい地上戦となった。とくにトリンコマリ県ムドゥでは激しい戦闘となり、市民も多数犠牲になった。そうした中、8月6日、救援に当たっていたがムドゥ現地に取り残されていたNGOの反飢餓アクション（ACF）の職員17名の遺体が事務所で発見された。至近距離で頭部を撃たれていたと言われる。事件について、政府とLTTEはおたがいに非難を行なっていた。政府は公正に事件の究明に当たると表明していた[*3]。

　ACFからの呼びかけで、8月11日午後2時より、スリランカ各地で追悼行進が行なわれることになった。午後6時からは、各家の前でランプを灯し、犠牲者を悼む呼びかけがなされた。

　そして私たちは8月11日を迎えた。

戦闘

　8月11日、ACF職員追悼の行進が行なわれた。在ジャフナのほとんどすべての援助団体が参加したであろう。一般市民の参加も

▼東部にて殺害されたNGO「反飢餓アクション（ACF）」の職員追悼行進（2006年8月11日、ジャフナ、写真提供：PARC）

あった。参加者は数百人にものぼったかもしれない。

　各家で行なうことになっていたランプ点灯のため家に戻っていたところ、ほかのNGO職員からの携帯メールが入った。

　「5時40分、砲撃音。プーネリン（ジャフナ南部対岸のLTTE領域）と思われるが、詳細不明」。

　直後、ジャフナでは携帯電話が不通になる。何かが起こっているのではないかと不安がよぎる。

　6時、ランプを灯し、しばし黙禱を捧げる。

　その後、買い物に出ていたあいだ、爆音が2回轟いた。爆発物と思い、緊張し、急ぎ家に戻ろうとしたところ、地元の人たちが砲撃音だと言う。同じような経験をしてきた地元の人たちには聞き分けられるのだ。

　私はすぐに家に戻った。あたりは次第に暗くなっていった。砲撃音は続いた。連続して砲撃が可能なマルタイ・バレルも発射された。

発射音も着弾音も聞こえる。比較的高い乾いた「パム・パム・パム」という発射音の後、空気を切り裂くような「シュー」という音が続き、少し後に「ズン・ズン・ズン」と着弾音がする。上空では「ヴーン」とうなるような飛行音がする。

　詳しいことがまったくわからない。家に来てくれているガードマンの男性と近所の人たちが門のところで話をしている。

　「砲撃戦になってしまっていますね。今度は、向こう側からだ。あれは着弾……」。

　家の犬たちが、何が起こっているか知る由もなく、興奮して不安げな声で鳴き、ひっきりなしに走り回っている。

　「夜7時から外出禁止令が出されています」と近所の人が言う。

　ガードマンの男性はしばらくして井戸水の汲み上げ貯水タンクによじ登り、政府軍のジャフナ本拠地があるパラリ方面を見て、「見えますよ」と言う。

　私も背伸びをしてそちらの方向をうかがってみた。閃光が見えた。

　結局、戦闘は一晩中続いた。この最初の晩で、1万人が海岸部から避難したと言われている。

　外出禁止令は4日目になって初めて昼の2時間だけ解かれ、その後も少しずつであるが解除されるようになった。外出許可のあいだ、人びとは先を争って商店へと急ぎ、品を求めて長い列を作る。トラクターなどに家財道具をいっぱいに積んで移動している人たちも見られる。避難しているのだ。戦闘が激しくなっている海岸部の人たちだと思われる。外出許可の時間が終わると、あふれていた人びとの姿が消え、町全体が静まり返る。

　ジャフナは孤立した状態となっていた。冒頭で述べたように、スリランカ北端にあるジャフナは以南にLTTE領域をはさみ、飛び地になっている。戦闘のため、陸路は不通。パラリ空港は政府軍ジャフナ本部にあるため攻撃の拠点であり、LTTEによる攻撃も受け、空路も不通。孤立したジャフナでは、物資が不足し価格が急騰、次

第に備蓄が底をつくようになる。外出禁止令、携帯電話の不通とあわせ、一般電話回線も頻繁に不通。電気もほとんど来ない。何とか支援を続けていた活動地の漁村の人びととは連絡ができなくなってしまった。

　戦闘が始まって4日目、外出禁止令が初めて解けた日。諸団体で国連機関の一室に集まった。

　避難民はわかっているかぎりで、すでに2千〜3千家族にのぼっているようであった。外出禁止令で現地職員の移動が難しく、国連も人が足りない。比較的移動の自由がきく外国人を中心に諸団体総出で救援活動などに当たることになった。諸団体の外国人は約40名である。

　時がたつにつれて状況がより詳しくわかるようになってきた。ジャフナの町周辺だけでも、教会、学校、寺院など9カ所の避難所ができたが、外出禁止令のあいだ、救援もままならないため、食糧や水の配給が満足に行なわれず、トイレの水もない避難場所があると報告された。粉ミルク・砂糖などが不足し、子どもや乳幼児が体調をこわすなど問題が続出した。一方、一部戦闘地には市民がまだ残っているとされる。避難を始めたものの、途中で身動きが取れなくなっている人たちもいるという。負傷者や戦闘に巻き込まれて亡くなった人びととの遺体も運び出せないという話も聞かれた。一部地域は戦闘のためアクセスが難しく、正確な状況がわからない。戦闘地域となった島嶼部のアライッピティに残る住民の救援活動に向かった司祭がそのまま失踪してしまう事件もあり、安否が懸念されている。

　戦闘状況やさまざまな活動規制などからNGOの活動には大きな限界があった。安全の確保も危ぶまれ、活動もままならない。こうした中、事務所に来ることさえ困難だった国連の現地職員も職場に戻り始めており、スリランカ国外に本拠地を持つ国際NGOだけでなく、一部のスリランカ国内NGOの活動も活発になってきていた。

国連諸機関や赤十字国際委員会（ICRC）など赤十字諸団体は緊急救援体制にシフトし、その後、活動を活発化させていく。結局、一部国際NGOはそのまま救援活動に従事することになったものの、それまで続けられてきた集合的な救援活動はわずか1週間ほどでその役割を終えた。私たち国際NGOは、それまで行なってきた業務や資料などにつき、国連側に引き渡しや説明を行なった。できるだけのことはやったつもりだったが、挫折感がともなった。

　安全確保や救援活動の限界から、その後、多方面からの助力を得て、NGO職員やタミルの人たちも合わせて約150名が、ICRCの旗のもとでジャフナから一時退避することとなった。外国人職員が退避した後、事務所運営が難しくなる面も想定し、各団体とも書類・データや事務所機材の扱いなどにつき手配を開始した。ほとんど時間がなく、疲労困憊した。

　戦闘開始から16日目の8月26日。夕方5時30分ごろ北岸のポイントペドロ港より出発。

　船は揺れ続ける。すぐに気分が悪くなり、甲板で激しく嘔吐した。波しぶきでずぶぬれになり、寒い。中に入ろうと試みたが、あまりに気分が悪くて動けない。その後も何度も吐いた。這うようにして中に入った時には、限られた床のスペースは横になって気分をおさめようとする人たちでいっぱいである。ようやくあったスペースは甲板のすぐ手前の便所の前で、ひときわ波しぶきが入ってくる。汚水にまみれたが横になった。限界だった。

　朝方3時30分ごろだっただろうか。揺れがおさまってきた。私はようやく身を起こすことができた。東部トリンコマリ港付近に来ているようだ。治安上の理由で、5時ごろにならないと入港が許されないようであった。船はゆらゆらとゆれながら停泊していた。

　しばらくして、他NGO職員の1人が近づいてきて、ささやいた。「砲撃戦になっている。甲板から見えるぞ」。

　胸の動悸が激しくなったのがわかった。私は甲板に出た。

▼避難所に逃れた人びと（2006年9月、ジャフナ、写真提供：PARC）

　闇の中に閃光が飛び交っていた。遠くに見える陸の影とともに、砲弾が撃たれ、尾を引いて、着弾するまで見える。

　港に着いたのは6時ごろだっただろうか。トリンコマリからコロンボへと向かうバスが待っていた。ICRC車両の先導でバスの隊列はコロンボへと向かった。トリンコマリも厳重な警備が敷かれていた。途中何カ所もチェックポイントを抜けた。軍用ヘリがバスのすぐ上を超低空飛行で飛んでいく。

エピローグ

　退避先のコロンボで、私は報道をむさぼり読んだ。何が起こっていたのか？[*4]

　多くの報道が、LTTEがジャフナ奪還の総攻撃をかけ、前線へといっせいに攻撃、パラリには長距離砲による攻撃をしかけたとしていた。パラリは空路の拠点でもある。存在が疑われてきたLTTEの

紛争地ジャフナからの報告 | 61

空軍による攻撃については確たる情報が得られなかった。東部での戦闘は、ジャフナでの戦闘とも関連している。東部で戦闘が行なわれれば、ジャフナでの政府軍の防備は手薄になるし、海路での政府軍の移動も妨げられることになる。

ジャフナはこの後も孤立し続ける。結果、必要物資の不足が続く。政府側は、LTTEの戦闘行為がやまないかぎり、政府側チェックポイントを開け、陸路を再開させることはないとする。LTTE側は、陸路が再開すれば安全を保証すると主張する。政府側は、LTTEによる人・物の移動にかける関税・税金の再獲得、武器や戦闘員・工作員などの移動再開を恐れていると言われる。また戦闘に加え、殺害・強制的失踪・襲撃などがやまず、犯人の逮捕・処罰にもほとんど至らない。ジャフナは「オープン・プリズン」であると言われることもあった。

11月27日のLTTE「英雄の日」。LTTE代表（V・プラバカラン）は、残された道は独立しかなくなったと述べた*5。12月1日、大統領実弟である国防省次官を狙った自爆攻撃があり、兵士2名が死亡、多数の負傷者が出る。停戦協定によって一定の条項が停止していた「テロ防止法」の規定も含まれた「テロ」の規制法が導入されることとなった*6。東部では政府軍が攻勢で、広い地域を支配下に置いていった。政府は、民族・地方分権を進めるとする一方、対LTTEの戦闘を「テロとの闘い」と位置づけ、東部での戦況を強調していた。

LTTEによる空爆という衝撃的な事件が起こったのは、そうした最中であった。2007年3月26日にコロンボ近郊カトゥナヤカ政府空軍基地、4月24日にジャフナ、と2度の空爆が行なわれ、死傷者と物理的損害が出た。反政府勢力が空軍を有して空爆を行なったという話を、私は世界で聞いたことがない。

4月29日。スリランカがクリケットのワールドカップ決勝に進出した夜。真夜中だった。私はどこからか聞こえてくるワールドカップ中継らしき音で眠ることができないでいた。すると音が突然やん

だ。実はこの時コロンボ中でいっせいに停電したのである。少し寝入ったところ、ワールドカップで人びとが鳴らす爆竹だろうか、ふたたび何か音が聞こえた。しかしそれは銃声だった。爆発音のような音も聞こえた。私は急いでインターネットに接続をした。

LTTEの空爆だった。

停電は、攻撃対象の判別ができなくなるように、軍がコロンボ一帯の電気を切ったからに違いない。外から聞こえる銃声のようなものもまだ散発的に続いていた。兵士たちが地上から空に向けて威嚇発砲を行なっているのか。窓の外を見た。地上から空に向けて無数の光の矢が見えた。また灯りをつけてゆっくり空中を動いていくものも見えた。応射の光だろうか。

停電はしばらく続いたが、いつの間にか戻ったようだった。また銃声なども次第にやんだ。後の報道で、LTTEはこの空爆でコロンボ近郊のガスやオイルの施設を攻撃したとわかった。

* * *

PARCジャフナ事務所の活動再開に向けて、私は一度ジャフナに戻ったが、その後の活動は現地職員によって運営されることになった。

この紛争の政治的解決が進まないのは、双方が「軍事的対決」や「成果」強調により権力支持の維持拡大もはかる側面があるからでもある。しかし市民も含め多大な死傷者や避難民、損害が出ている。殺人・襲撃・強制的失踪など事件も絶えず、逮捕や処罰にほとんどつながらない。市民にも犠牲を出す爆発物・自爆攻撃やバス爆破などLTTEの責任を問う声が聞かれる一方、市民の犠牲や人権侵害に政府の作為・不作為が指摘され、双方が人権侵害の非難をあびている。この紛争は民族の権利の問題に起因し、戦闘・人権侵害が複雑に絡む。よって、そもそも攻撃行為自体の中止、対話や正義の実現

が求められる。またメディアへの襲撃・脅迫事件も報告される中、内外から「軍事（文化）」の「負」を明らかにし、「平和（文化）」を押し上げていくことが必要である。紛争の政治的解決はその延長に達成されていくべきものである。

【注】

1 「英雄の日」声明（2005年）の全文は以下のサイトに掲載されている。*LTTE to intensify struggle for self-determination if reasonable political solution is not offered soon*, TAMILNET, 27 Nov 2005, 〈http://www.tamilnet.com/art.html?catid=13&artid=16429〉.

2 水門閉鎖に関するLTTE側の主張については以下を参照。*Colombo caused Mavilaru crisis — Elilan*, TAMILNET, 26 July 2006, 〈http://www.tamilnet.com/art.html?catid=13&artid=18935〉.

3 政府・LTTE相互の非難と、政府による真相究明の表明については以下を参照。Easwaran Rutnam, *15 Tamil aid workers executed in Mutur: Govt. pledges impartial probe*, DAILY MIRROR (e-Edition), 〈http://www.dailymirror.lk/2006/08/08/front/4.asp〉.

4 8月から9月初めまでの戦闘について、たとえば *Sunday Times* 紙の'Situation Report'に詳細な報道がある（Iqbal Athas, 'Situation Report', *SUNDAY TIMES*）。*Eelam war IV rages on several fronts: Tigers use long-range artillery to attack Palaly base; Tigers occupy Army bunkers in Muhamalai but troops fight back*, 13 Aug 2006, 〈http://sundaytimes.lk/060813/index.html〉. *Troops resist Tiger siege on Jaffna, Trinco: Tight security measures in the City after threats of guerrilla attacks; Military and civilian flights to Jaffna continue to remain suspended*, 20 Aug 2006, 〈http://sundaytimes.lk/060820/index.html〉. *LTTE takes beating, but long way to go: Troops recapture Muhamalai and break siege of Jaffna; But serious questions about LTTE strategy with its air and sea wings; Maj. Gen. Lawrence Fernando placed in overall charge of security of Colombo and suburbs*, 27 Aug 2006, 〈http://sundaytimes.lk/060827/index.html〉. *9-hour sea battle: What was the Sea Tigers' agenda?*, 03 Sept 2006, 〈http://sundaytimes.lk/060903/index.html〉.

5 「英雄の日」声明（2006年）の全文は以下のサイトに掲載されている。*Sinhala leaders' duplicity of war and peace has left Tamils with no choice but political independence — LTTE leader*, TAMILNET, 27 Nov 2006, 〈http://www.tamilnet.com/art.html?catid=13&artid=20410〉.

6 新しい「テロ」規正法の導入を報じるものとしてたとえば以下を参照。Kelum Bandara and Yohan Perera, 'No ban but tough

measures on terrorism: Govt. decides to continue talks amidst new crackdown', *DAILY MIRROR* (e-EDITION), 07 Dec 2006, 〈http://www.dailymirror.lk/2006/12/07/index.asp〉. また新しい規正法の導入経緯や課題・問題点などを述べるものとして以下を参照。Center for Policy Alternatives, *WAR, PEACE AND GOVERNANCE in SRI LANKA: OVERVIEW and TRENDS 2006*, Jan 2007, pp. 3, 16, 21-22, 〈http://www.cpalanka.org/research_papers/War_Peace_Governance.pdf〉（Center for Policy Alternatives (CPA) ウェブサイト内）.

（おのやま　りょう）

Ⅳ 情勢分析と日本の役割の展望

▲スリランカ復興開発に関する東京会議(2003年6月)に際し開催された記者会見で発言するニマルカ・フェルナンド IMADR 理事長(左から2人目)ら

【Ⅳ　情勢分析と日本の役割の展望】
スリランカの内戦激化と日本の役割

中村　尚司

ラジャパクサ政権の成立

　2005年11月の大統領選挙後、スリランカの内戦をめぐる情況は、複雑な要因や利害関係が絡み合い錯綜している。反政府の軍事勢力であるタミル・イーラム解放の虎（LTTE）が、タミル系住民に対して、選挙ボイコットを呼びかけた。そのため、大統領選挙は、北東部に住むタミル人の投票行動がきわめて不自由な環境で行なわれた。キリノッチ県のように投票率が0％の行政県もあり、バランスの取れた民意を反映したとは言いがたい。事実上、シンハラ民族の2大政党であるスリランカ自由党（SLFP）と統一国民党（UNP）の候補者の間でのみ、激しく争われる選挙となった。タミル人やムスリム系住民は有権者であっても、国政の方向を決める選挙とは無縁とみなされがちである。

　UNPのラニル・ウィクラマシンハ候補は、2002年2月にLTTEと停戦協定を締結した首相である。タミル人有権者の間で支持が多い。選挙ボイコットの呼びかけに助けられて、シンハラ民族主義者であるSLFPのマヒンダ・ラジャパクサ候補が、それを僅差で破り当選した。しかし、与党のSLFPだけでは議会の多数を占めること

ができず、少数党である人民解放戦線（JVP）、シンハラ民族の遺産（JHU）、大衆統一戦線（MEP）などのシンハラ民族主義者の期待に応える必要がある。そればかりでなく、最大野党のUNPから20名前後の国会議員に大臣のポストや政治資金の提供を申し出て、政府与党への移籍を促した。

　それと同時に、任期を終えたクマラトゥンガ前大統領が自分の弟アヌラを後継者にし、バンダラナーヤカ家による統治を続ける企図に対抗策をとった。ラジャパクサ大統領は、アヌラ・バンダラナーヤカ観光相をはじめ、前大統領に近い閣僚を政権中枢部から遠ざけ、実権を親族、とりわけ3人の兄弟にゆだねる布陣を採用した。水利部門を担当するチャマル・ラジャパクサ灌漑相、軍事部門を担当するゴダパヤ・ラジャパクサ国防事務次官（国防相は大統領が兼任）と内政部門のバシル・ラジャパクサ大統領顧問である。中央銀行総裁など要職も、経歴を度外視して側近の支持者で固める人事を行なっている。しかし、『サンデイ・リーダー』紙などの批判的な報道によれば、軍事戦略を含む公権力の行使も政府予算の執行も、7割から8割まで大統領を含む4名の兄弟が決めると言われている。政府批判の報道機関に対して、ジャーナリストの暗殺、印刷工場の放火などの破壊活動が行なわれても、加害者が検挙されていない。新政権下の言論抑圧の特徴である。

　この体制のもとで、政府軍とLTTEとの軍事対決がエスカレートした。2006年7月下旬からの武力対決は、水利をめぐる攻防戦という特徴を持つ。水利紛争は、この島の正史が記述する2千年来の大問題であるとともに、東部州の支配権をめぐる両陣営の利害がきわだつ場面でもある。戦場となったムトゥール地区は、ムスリム、タミル、シンハラ居住区が交錯するとともに、北部と南東部とのLTTE支配地区を結ぶ戦略上の要路である。LTTE軍が支配するサンプール地区からは、トリンコマリの海軍基地、巨大なプリマ製粉所、東京セメント工場を容易に砲撃できる。

2006年7月20日、LTTE軍がマヴィル・アル水系頭首工の水門を閉鎖した。LTTEによれば、タミル人居住区に飲料水さえ十分に供給されず、シンハラ入植農民にのみ配水されてきた、という積年の不満を表明するために行なわれた。この問題は、長い伝統を持つ水利慣行によって地域の個別的な課題として解決することも可能であった。しかし、「ラジャパクサ政権は、ノルウェーの和平努力を批判するJHUやJVPの主張を取り入れ、カルナ派の離脱や津波被害で弱体化したLTTE軍を軍事的に制圧し、東部と北部のLTTE支配地区を分断する目的で進めた」というのが野党であるUNPの見方である。LTTE軍の司令官だったカルナは、6千名の兵士を率いて政府軍に協力を申し出たと言われる。

　大規模な地上戦という停戦合意以後初めての作戦行動は、これまでのような散発的な衝突とは異なり、両軍の武力対決における新たな展開であり、その戦闘結果は両軍兵士の士気のみならず、スリランカ政局に大きな変化を生んだ。国際的にも大きな動きが続く。デンマークとフィンランドに続いて、スウェーデンが8月末に停戦監視団からの離脱を決定した。これを受けて、ノルウェーのジョン・ハンセン゠バウアー特使がキリノッチを訪問し、停戦協定や国際監視団の再検討について協議した。

　LTTE軍は8月5日午前0時に撤退を開始し、停戦協定時に定めた支配地区に戻り、水門を開けることを決定した。しかし、政府軍は自力で水門のある地区を解放し、さらに軍事の要地であるサンプール地区の支配をめざして進軍を続けた。この間にフランスのNGOである反飢餓アクション（ACF）職員17名（女性4名を含む16名のタミル人と1名のムスリム）が床に伏せた状態で銃殺された。司法手続きを無視した処刑について、EUを中心に国際的な非難が高まった。

　新政権誕生後、コロンボでは、陸軍の最高幹部が自爆攻撃を受けたり、空軍機を供給し軍事訓練を行なっていると言われるパーキス

タン大使（前諜報機関長）がベトナム戦争で開発されたクレイモア地雷による攻撃を受けたりするなど、不穏な事態が続いた。双方の陸海軍はともに、この間の戦闘を通じて、敵側の戦死者と戦傷者が自軍よりはるかに大きい、という戦果を発表している。実際に最も多くの死傷者を出し、家屋を破壊され、難民化したのは地域住民大衆である。漁船などに乗って南インドの海浜に来るスリランカ・タミル人の難民が急増した。インドのタミル・ナドゥ州のNGOが、難民に仮住まい、食糧などの生活必需品を提供している。

　タミル・ナドゥ州のカルナーニディ政権は連邦政府の与党でもあり、難民支援の負担が急増している現況を打開するよう、マンモーハン・シン首相に強く要請している。2006年9月にキューバの首都ハバナで開催された非同盟国首脳会談の場において、この課題はノルウェーの役割に対する強い支持とともに、マンモーハン・シン首相からラジャパクサ大統領に伝えられた。

　タミル・ナドゥ州と同じくインドのケララ州の民間団体では、スリランカ難民の支援事業を進め、日本のNGOにも協力を求めている。インドとスリランカ政府が合意できれば、一時的にでも休戦を実現し、人道的な見地から食糧や医薬品をインドで買いつけて、孤立したジャフナ住民に届けたいと考えている。この際、南アジアに利害関係の少ないノルウェーよりも、経済関係の深い日本の役割のほうが受け入れられやすいという意見も強い。

　このように国内的にも国際的にも、事態は混迷を深めるばかりで、非軍事的な問題解決の目途は立っていない。スリランカ島の北端に位置するジャフナ半島は、住民の95％以上がタミル人である。ほとんど全員がシンハラ人である陸海空軍の軍人と警察官約4万人が、治安の維持を担当している。しかし、日常的な行政にはタミル人の民間組織の協力が不可欠である。たいていのタミル人は、友人知人や親戚縁者がLTTE支配地域にも住んでいる。個人的にも組織的にも、軍人や警察官と違って多様な交流がある。

2002年2月の停戦協定の締結から2006年夏までは、スリランカ政府とLTTEを代弁する組織との二重行政が、ジャフナの実情であった。各地の漁業協同組合事務所には、タミル・イーラムの旗やその指導者であるプラバカランの写真が飾られていたものである。コロンボでも、キリノッチに本部を持つNGOであるタミル復興機構（TRO）が、LTTEスリランカ内外の諸組織と連携しながら事業活動を行なっていた。しかし、2006年以降、その活動は禁止されている。

　NGOの連合体である「人道機関コンソーシアム」のジーヴァン・ティアガラジャ専務理事は、今回の戦闘再開がエスカレートして、ジャフナ半島の住民が食糧や医薬品にもこと欠く暮らしになることを心配している。政府軍は東部州制圧をめざし、LTTE軍はジャフナ市に北上することめざし、双方とも住民の困窮を無視して軍事目標を優先する恐れがあるという。国民平和評議会代表ジェハン・ペレラの意見では、政府軍の装備は高度化され、軍事目標の空爆が正確に行なわれている。予期以上にLTTEの軍事力は弱くなっていて、ジャフナ半島の制圧は無理なようだ。事態は「Undeclared war（宣戦布告なしの戦争）→ Low intensity war（低強度戦争）→ Limited war（局地限定戦争）」という順で進んでいて、全面戦争ではないがコロンボの経済活動の破壊に向かうかもしれないという。

政府開発援助の役割

　1970年代後半以降、日本政府は30年間にわたって、スリランカに対する最大の開発援助国であった。非政府組織による支援は、欧米の主要援助国に比べてきわめて少なかったが、政府開発援助の規模はほかに比類のないほど大きかった。国連機関、世界銀行、アジア開発銀行などの国際機関経由で支出される日本の公的な援助資金を考慮に入れると、日本政府の開発援助予算を財源とする公的資金

は、スリランカ政府が受け入れる外国援助総額の5割をはるかに超える時代が続いた。

　他方、スリランカ政府予算は、肥大化した政府機構の人件費や管理費に加えて、長期化した内戦による軍事費支出のため、経済基盤整備に充当する余裕がほとんどない。病院、道路、港湾、空港、電力、灌漑などの整備は、日本の援助なしに考えることもできない状態であった。政府部局には「援助依存病」が生まれ、海外からの援助資金なしには事業を始められない分野も少なくない。

　日本の政府開発援助が巨大な比重を占めていた時期と、民族抗争が内戦へと拡大してゆく時期とが重なっている。公的な援助資金を活用して、問題の非軍事的な解決に乗り出す方策も可能であった。しかし、インドやノルウェーと違って、日本にはこの問題に関心を払って尽力する援助関係者はほとんどいなかった。貴重な機会を失ったとも言える。内戦の激化と開発援助のかかわりについては、国際協力銀行からの受託調査報告において詳しいとりまとめを行なったので、それを参照されたい[*1]。

　2002年2月22日、ノルウェー政府のあっせんにより、反政府軍のLTTEとスリランカ政府の間で停戦協定が締結され、話し合いによる解決の機運が強まった。最大援助国の日本政府が明石康氏をスリランカ和平の特別代表に任命したのが、同年10月25日である。それ以降、日本は、ノルウェー、米国、およびEUとともに和平プロセスと戦後復興を支援する共同議長国となる。明石代表の熱心な取り組みは、交戦していた当事者だけでなく、スリランカ内外で高く評価され、多くの期待を集めた。

　この間の和平交渉に当事者として参加していた前国防次官オースティン・フェルナンドの詳細な回想録 *My Belly is White*（『私は潔白だ』）が、2008年7月に刊行された[*2]。この時期の経験を、将来の話し合いに役立てたいという。クマール・ルーパシンハ編の

▼スリランカ復興開発に関する東京会議に先立ち、外務省は、市民社会との意見交換会を開催し、明石日本政府代表(左端)も発言した(2003年6月8日、東京都内)

Negotiating Peace in Sri Lanka(『スリランカ和平交渉』、上下巻、2006年刊*3)とともに、停戦期の貴重な記録である。日本の援助を含む経済問題についても、コロンボ大学経済学科からW・D・ラクシュマン教授(元学長)の退職を記念する研究書 *Development Perspectives*(『開発の視点*4』)が刊行され、経済情勢の分析に重要な視点を提供している。

大統領の訪日と停戦協定の破棄

　長期化した内戦は、しかしながら、戦争で利益を得る関係者も肥大化させてきた。問題を軍事的に解決しようとする力が強く働き、2006年夏以降、ふたたび大規模な軍事対決が開始された。先述のとおり、LTTEの軍事部門を率いていたカルナ司令官が、6千名の兵士とともに、東部州でLTTEに反旗を掲げ、政府軍に協力を始めた。政府はその協力のもとに、東部州におけるLTTE支配を一掃した。2007年7月のトッピガラ攻防戦の勝利は、鬱屈していたシンハラ民族の優位性を誇示した。勝利に貢献したカルナ司令官の権力を抑制しようと政府軍は外交旅券を交付し、ヨーロッパに亡命させ

▼東京会議に合わせ、街頭でアピールする在日の人民解放戦線(JVP)メンバー

(7月3日にロンドンから国外退去)、後継者のピッライヤン政権を支援した。

　東部州における軍事的な勝利に自信を得たラジャパクサ大統領は、「2千年前の大津波の後、島の南東部から北西部へ攻めのぼり、北部を支配していたタミル王エララを滅ぼした」という故事にならい、南東部出身の大統領兄弟が北部のLTTE支配を滅ぼそうという作戦を始めた。そして、前政権の遺産である停戦協定を破棄するという政治決断の重要な時期に、日本を訪問することにした。

　迎える側の福田康夫首相は、野田卯一・元国会議員（自民党）が政界を引退したのち、約15年間も日本スリランカ協会の会長を務めた政治家である。明石代表の任命を閣議決定した時の内閣官房長官でもあった。これをきっかけに、ふたたび話し合い解決への転換を期待する人びとが多かった。コロンボと東京だけでなく、ノルウェー、米国、EU、インドなどの政府関係者やNGOの間でも同様である。2007年12月10日、18時から約1時間にわたり、両国の首脳会談が行なわれた。日本の外務省から、次のようなその概要が公表されている[*5]。

(1) 福田総理から、日本とスリランカの両国関係のさらなる発展のためにもスリランカ和平が重要であり、軍事的解決ではなく政治的な解決が重要である、権限委譲案の策定が政治対話の基礎となるので、大統領の強い指導力のもとで権限委譲案を可能なかぎり早期にまとめ、LTTEを含む関係者に提示することが重要であると発言。これに対しラジャパクサ大統領から、権限委譲案については、全政党代表者会議においてできるだけ早期にまとめるべく取り組んでいる、スリランカ政府は政治的解決にコミットしており、軍事的解決は政治的解決を代替するものではない、LTTEはこれまで交渉にまじめに取り組んできていないが、LTTEが真摯に交渉に取り組むのであれば、スリランカ政府としても対話に応じる用意があると発言。

(2) 福田総理から、明石政府代表を近くスリランカに派遣し、LTTE指導部に対して、和平に真剣に取り組むよう働きかけを行なう予定であり、その際にはスリランカ政府の協力をお願いしたいと発言。これに対し、ラジャパクサ大統領から、協力の用意がある、明石代表の役割を高く評価していると発言。

(3) スリランカの人権問題について福田総理から、スリランカ政府自身の努力により人権が改善されることを期待していると発言。これに対し、ラジャパクサ大統領から、スリランカ政府としては、人権調査委員会を立ち上げるなど独自に人権改善の努力を行なっており、その努力に対して国際社会の支援を得たいと発言。福田総理からは、同委員会が具体的成果をあげるよう努力してほしいと発言。

(4) ラジャパクサ大統領から、日本が過去40年間にわたりODAを通じてスリランカの開発を支援したことに対し謝意が示され、引き続き平和と開発に対する支援をお願いし

たいとの発言があった。福田総理から、日本はスリランカにおける平和の定着と経済発展に協力していくが、和平プロセスが進んでいないので十分な支援を行なうことができないでいる、日本として十分な支援を行なうことができるよう状況を改善してほしい、スリランカ東部地域の開発については、法と秩序の徹底、各民族の意思の反映が重要であり、これらを確保しつつ平和の配当を早期にもたらすことが重要であると発言。

　コロンボのNGOや知識人の間では、日本政府が和平プロセスや人権問題に関して、他の共同議長国に比べて消極的である、という批評を耳にする。しかし、上記の政府発表を見るかぎり、福田首相は和平と人権に関して明瞭なメッセージを伝えている。そればかりか、明石代表を派遣しLTTE指導部に働きかけるうえで、スリランカ政府が協力するよう要請している。ラジャパクサ大統領側も、協力の用意があると答えている。

　ところが、コロンボに帰った大統領は、福田首相との会談内容とは異なった方針を進めることにした。タミル人の祝日タイ・ポンガルの2008年1月16日をもって停戦協定を終了すると決定し、その通告を行なった。それに応じて、北欧諸国から派遣されていた停戦監視団も帰任することになった。東京会議の共同議長国を代表して、ただちに明石代表がコロンボに赴き、軍事解決ではなく、話し合いによる紛争解決を再考するよう求めた。しかし、その成果は思わしくなかった。LTTE指導部に働きかけるため、キリノッチを訪問するうえでの協力もなされなかった。

　このような方針転換の背後には、中国とイランの経済援助と軍事援助があると報道されている。この1年間に、日本はスリランカに対する最大援助国ではなくなり、第3位に転落した模様である。中国もイランも大統領の訪問に際して、1千億円を超える援助資金の

供与を約束し、港湾、発電、製油などの開発援助に力を入れている。共同議長国のように和平や人権を強調しないので、スリランカ政府としては対応が容易である。

　停戦協定の破棄以前の2006年7月から始まった戦闘の再開、急増する難民、LTTE空軍の爆撃、政府軍の東部州制圧、LTTE政治代表タミルセルヴァンの爆死、政府軍事予算の増額など、軍事対決が進んでいる。政府軍とLTTE軍との戦闘は拡大するばかりであり、従来のゲリラ戦から正規軍の陣取り合戦に変貌している。双方の空軍機も、戦略目標の空爆を進めた。その結果、非戦闘員の犠牲者が増加した。双方の政治家の暗殺も少なくなく、その都度閣僚や国会議員の補充が行なわれている。

戦争犠牲者の増加

　筆者は、2007年10月後半に、南インドのタミル・ナドゥ州にあるジャフナ・タミル人の難民キャンプを訪問した。難民支援活動をしているイーラム難民再定住機構（OFERR）のチャンドラハサンによれば、2006年半ばから、新たに来る難民が急増したそうだ。タミル・ナドゥ州にある115の難民キャンプに居住する人口は、2005年以前の旧難民が5万9,792名、それ以降の新難民が1万9,987名である。このような難民の苦境に対して、なすべきことは少なくない。日本の法務省でも、タミル人による難民申請が増加している。しかし、その認定作業は進んでいない。

　また、2008年に入ってから3月と4月にスリランカを訪問する機会を持った。この1年近く、戦闘が激化するものの、政府軍支配地域の拡大が遅々として進まない戦況に、シンハラ民族主義者の間にも焦燥感が感じられる。国防省は連日のように、多くの敵兵を殺傷して政府軍が勝利したと発表している。LTTE側の発表を伝えるタミル・ネットによれば、同じ戦闘場面でも政府軍の死傷者のほうが

多い。

　戦闘再開時に、政府軍はLTTE軍の兵力を約5千名と推定していた。国防省の発表によれば、2007年におけるLTTEの戦死者は2,752名、08年1月から4月までに3,359名である。通常、戦死者の2倍以上の戦傷者がでるので、LTTE軍は壊滅していることになる。しかし、4月23日のムハマライ攻略戦では、政府軍の戦死・戦傷者のほうが多かったようである。

　ジャフナ半島の付け根にあるムハマライは、国道9号線でキリノッチに向かう交通の要路であるため、繰りかえし大きな戦闘が行なわれてきた。当初国防省は、「政府軍の戦死者43名、行方不明33名、戦傷者126名を出したが、激しい戦闘に勝利した」と公表していた。LTTE軍の戦死者は約300名とされていた。しかし翌日、LTTEから国際赤十字委員会を通じて28名の兵士の遺体が政府軍に渡され、それ以外に143名の遺体が火葬されたことが判明し、戦死者を残して部隊が敗走していたことが明らかになった。

　戦傷者のうち、ジャフナで対応できない重傷者がコロンボへ空送された。ラトマラーナ空港から121名がスリジャヤワルダナ病院、10名が眼科専門病院、35名がコロンボ中央病院、40名が陸軍病院に救急車で運ばれた。救急車の出動の多さに空港近くの住民が不審に感じないよう、サイレンを鳴らしたり赤色灯を点滅させたりしないように指示されたと伝えられている。このような敗戦のあとは、報道規制が厳しくなる。

　ラジャパクサ大統領は、5月5日から議会を休会にする布告を出した。5月10日の東部州の州議会選挙において旧カルナ派（ピッライヤン派）の兵士が武器を携行することに対し、野党の批判が強かったことが大きな理由である。ピッライヤン候補は州政府首相に選出されたが、UNPやJVPは選挙の無効を主張している。このほか、公企業の汚職問題、燃料や食糧の急騰、政府が出資しているミヒン航空の破産（35億ルピーの負債）などについて、委員会の構成を変え

たり、審議を避けたりするためだと言われている。

　年率約30％のインフレに対して、低所得層の反発が強い。政府は4月中旬に消費者米価の上限をキロ当たり70ルピーに決めたが、在庫不足が深刻である。5月に入って、ビルマから米穀2万5千トンの緊急輸入を発注した矢先に、サイクロン被害のニュースが入り、対応に苦慮している。国際通貨基金（IMF）は周辺の南アジア諸国に比べて、スリランカの消費者物価指数が突出して上昇していると指摘している。

　戦争による死傷者も、増え続けている。スリランカ陸軍司令官のサラト・フォーンセカ中将は6月30日、「過去2年間に9千名以上のLTTE兵士を殺戮し、政府軍は1,700名の戦死者を出した」と公表した。昨年暮れ、同中将はLTTEの兵力は3千名だと述べていたが、半年後に5千名と修正した。6月現在、政府軍20万名中に約2万名いた脱走兵のうち、5千名が特赦を受けて兵舎に帰還した。

　戦闘はLTTE支配地区だけでなく、コロンボ近郊の鉄道、バス、道路などの破壊に拡大している。戦闘の激化により人びとの生活の困難が深刻化すればするほど、軍事的な勝利への期待が高まることは、日本近代の経験と重なる。

日本の役割の問題点

　1970年代後半から日本が供与する政府開発援助は急増し、約30年間にわたってスリランカに対する最大の援助国である。単に最大であるのみならず、スリランカが受け取る外国援助総額の5割以上を占める年次が多い。世界銀行、アジア開発銀行、国連機関等への拠出金を含めると、日本からの援助資金の流れはさらに太くなる。その人口規模に比して、このような多額の援助資金の投入は、日本の納税者の意思を反映しているともいいがたい。この間、民族抗争による内戦が拡大し、軍事予算の増額が続いた背景を考慮すると、

日本からの援助資金の持続性は、目をみはるばかりである。

　次に述べるように、経済援助以外の分野で長期的な関係を持続するのは困難であった。学術研究や芸術文化の分野における持続的な人的交流は、きわめて乏しい。持続する公的資金の供与と、短期的かつ断続的な人的交流が、1970年代以降の両国関係の特質であるといえる。

　2002年以降、日本政府も市民社会も、スリランカに強い関心を持ち積極的に取り組んでいる。とりわけ、2004年12月のインド洋沖津波の被災者への支援活動は目覚ましかった。とはいえ、政府も民間団体も、その時どきの課題に専念するものの、持続性に欠けるという共通の問題点を抱えている。

　個人的な記憶の範囲で記すと、1980年代半ば、日本山妙法寺の横塚師がジャフナで射殺された。宗教活動にどう対応すべきか、この時の経験は活かされていない。供与された機材が軍事転用されていないかどうか、関心を持って調べている援助機関もない。スマトラ沖地震の前年に設置されたが実際には使用されなかった島内の地震計ネットワークについても、検証されていない。食糧増産援助の見返りに積み立てられた巨額資金の使途についても、どこに記録が存在するのか不分明である。

　政府と市民社会における持続的関心の欠如を象徴する事例として、2002年4月29日にスリランカ首相官邸において贈呈式の行なわれた2頭の野象の話を最後に紹介する[*6]。

　これは、日本国特命全権大使が最大の経済援助国として、大統領と首相に4通の外交文書で強く要請して実現したものである。日本とスリランカの国交樹立50周年を記念する事業でもあった。昭和天皇誕生日の4月29日、元防衛庁長官の野呂田芳成議員を団長とする15名の国会議員がスリランカに赴き、親からはぐれた野象の贈呈を受けた。日本政府と「クロアチアに象を送る会」が協力して行なったという意味で貴重な試みでもある。贈呈式に出席したのは

自民党議員が中心であったが、呼びかけは生協関係者が多く、日本共産党の機関紙『赤旗』もほかのメディアとともに募金運動のキャンペーンに加わった。この運動を進める立場から、劇映画『ドバルダーン・エレファント』も制作された。

　クロアチアとスリランカの関係は、停戦までは武器弾薬の輸出入を通じて密接であった。しかし、軍の関係者からは、クロアチアから輸入した小火器には不良品が多いという意見も出ていた。停戦とともにその市場は縮小しつつあったが、この年クロアチア大統領が中古軍艦の売り込みに来ていたところを見ると、まだ武器市場への期待があったのかもしれない。日本の敗戦記念日でもある8月15日に、2頭の象をチャーターしたジャンボ機に搭乗させようとしたところ、クロアチア政府からスリランカ外務省に対して、象の受け入れを拒否するとの通知があった。

　もともと日本政府の代表団に贈呈された象である。本来ならクロアチア政府との交渉も、日本政府がなすべきであった。この2頭の象の消息は、忘却の彼方に消えたようである。母親にはぐれた野象たちが、政府機関や市民団体による交流の浅さや狭さを語る日が来るだろうか。

【注】

1　JBICI Research Paper No.24, *Conflict and Development: Roles of JBIC*, Japan Bank for International Cooperation, 2003.
2　Austin Fernando, *My Belly is White*, Visitha Yapa Publications, Colombo, 2008.
3　Kumar Rupasinghe (ed.), *Negotiating Peace in Sri Lanka*, 2 vols., The Foundation for Co-existence, Colombo, 2006.
4　Senanayake et al. (ed.), *Development Perspectives; Growth and Equity in Sri Lanka*, University of Colombo, Colombo, 2008.
5　外務省ウェブサイト内（http://www.mofa.go.jp/mofaj/area/srilanka/visit/0712_sk.html）に掲載されている。
6　西村一郎『平和の使者、象をください』JULA出版、2000年。

（なかむら　ひさし）

資料編

▲アンパラの津波被災地域の子どもたち(2005年2月)

【資料編1　普遍的定期審査（UPR）制度に基づくスリランカ審査　関連文書】
スリランカの普遍的定期審査のための共同市民社会報告書

はじめに

1　この文書は市民社会組織間の一連の対話から生まれたものである。本文書は、自国のすべての市民の人権保護におけるスリランカ政府（GOSL）の役割と責任に焦点を当てている。われわれは、国家以外の主体、とくにタミル・イーラム解放の虎（LTTE）による組織的かつ広範な人権侵害についても留意しているが、人権理事会の理事国であり、UPRプロセスの対象となるのはGOSLであることから、GOSLに焦点を当てた。われわれはまた、これまでのところ、UPRプロセスにかかわる市民社会との協議がGOSLによって行なわれた例はまったく承知していないことについても留意するものである。

不処罰の文化

2　スリランカの人権状況は、この2年間に、また同国が人権理事会の理事国となって以降、急激に悪化してきた。
3　スリランカ停戦監視団（SLMM）は、2007年2月22日までの15カ月間に、紛争関連の殺人がおよそ4千件発生したことを記録している[*1]。3つの人権団体は、すべての事件を網羅することを意図したものではない作業文書の中で、スリランカで2007年1〜8月のあ

いだに発生した殺人および失踪は1,212件（殺人662件・失踪540件）にのぼり、1日ごとに平均5件の人権侵害が生じていることになると報告している[*2]。人権北東事務局（NESoHR）の報告によれば、2007年には486件の失踪と775件の殺人が発生した[*3]。アジア人権委員会（AHRC）は、2007年10月には53件の殺人と53件の失踪が発生したこと、2007年11月には63件の殺人が発生したことを報告している[*4]。ヒューマンライツ・ウォッチの報告によれば、国家人権委員会は2006年にざっと1千件の殺人を記録しており、これに加えて2007年の最初の2カ月間に100件近い誘拐と「失踪」が発生したことを記録している[*5]。

4 誘拐、失踪および文民の攻撃に関する大統領委員会（委員長：マハナマ・ティレケラトネ閣下）はいかなる報告書も発表していないが、ティレケラトネ氏はメディアのインタビューで、2006年9月～2007年2月のあいだに430人が殺害されたこと、同じ期間内に2,020人が失踪または誘拐の被害者として報告されたことを明らかにしている。同氏によれば、2,020人中1,134人は生存が確認されたが、886人の運命はわかっていない[*6]。

5 文民を標的とした攻撃、礼拝場所・病院・学校への攻撃、国内避難民（IDP）の強制的移動をはじめとする、国際人道法の目に余る違反もこの2年間に増加した。人道支援ワーカーが執拗に攻撃されていること、また2006/2007年度に50人以上のスリランカ人支援ワーカーが殺害されたことを受けて、スリランカを訪れた国連人道支援関係者としては最も高い地位にあるジョン・ホルムズ卿は、この島国を、人道支援ワーカーにとって世界で最も危険な場所の1つと呼んだほどである。

6 スリランカにおける重大な人権侵害の淵源は、30年前から続く民族紛争と、その解決手段として戦争が最重要視されていることにある。この期間に行なわれた著しい人権侵害の加害者はほとんど裁きを受けていない。今でも公職者として高い地位に留まっている者も存在する。

7 2008年1月16日、GOSLは停戦協定（CFA）から一方的に離脱した。

普遍的定期審査（UPR）制度とは

　普遍的定期審査（UPR: Universal Periodic Review）は、すべての国連加盟国の人権関係の義務・公約の履行について国連人権理事会が定期的に審査する制度で、2008年から始まった。4年間を1周期とし、192の国連加盟国すべてが審査対象となる。
　各審査対象国につき、人権理事会の理事国中、3カ国の政府を中心とした「作業部会」で審議され、それに基づいて人権理事会の本会議で最終的な評価が採択される。審査は、対象国政府が提出する報告、および、国連人権高等弁務官が用意する、対象国の人権状況に関する2つの情報文書（計3種類の文書）をもとに行なわれる。後者の2つの文書のうち、1つは条約機関など国連文書からの情報をまとめたもの、もう1つは、NGOを含む関連主体からの情報をまとめたものである。
　2008年4・5月にそれぞれ第1・2会期が行なわれ、同年8月現在の時点で32カ国の人権状況がこの制度のもとで審査された。スリランカの審査は第2会期中の5月13日に行なわれ、作業部会の作成した審査報告書は人権理事会第8会期中の6月13日に採択された。
　IMADRアジア委員会は、スリランカの人権状況に関する報告書を独自に作成して国連人権高等弁務官事務所に提出するとともに、いくつかの個別課題などについて、スリランカ国内で活動する他のNGOと共同で提出した。
　「資料編1」に掲載の資料6点のうち、はじめの4点は、スリランカの人権状況全般、ならびに女性と国内避難民の状況についてのNGOレポート。続けて、人権理事会で採択されたスリランカの審査結果を表す報告書の勧告部分の抜粋、そして、それに対するスリランカ政府の反応を記した国連文書を掲載した。　　（編）

　これによりSLMMは撤退を余儀なくされ、人権侵害およびその他のCFA違反の記録も行なわれなくなった。GOSLがタミル人民解放の虎（TMVP）と協力しており、また来たる地方政府選挙に向けて同勢力と選挙同盟を組んだことにより、人権保護と人間の安全保障はますます困難な課題となっている。

8　このような紛争と不処罰の雰囲気の中で、あらゆるタイプの異議申し立ては問題の否定と暴力によって迎えられている。この1年のあいだに、学生や労働者によるいくつかのデモに対して催涙ガスや放水砲による攻撃が行なわれた。最高裁は一部ストライキの違法を宣言し、労働組合指導者に圧力をかけている[*7]。ジャーナリストや社会活動家も、攻撃、威迫、脅迫（日常的な死の脅迫を含む）の対象とさ

れており、指導的立場にある政界・報道関係者や活動家が国外に避難するほどである。恐怖と不処罰の雰囲気が広がったため、このような状況の被害を受けた者があえて正義と救済を求めようとしない環境が生まれてきた。目撃者は決まって威迫の対象とされるために証言に二の足を踏み、最も重大な人権侵害さえ処罰されない状況になっている。公約である被害者・証人保護法はまだ制定されていない。

9 政府が不安定な治安状況に対処しなければならないことは認めるものの、その対応は、政府が批准・支持した国際文書上の義務に違反するものであってはならない。

10 政府は、人権状況を国際的に監視すること、またスリランカに国連人権高等弁務官事務所（OHCHR）の現地事務所を設置することを認めるよう求める、国内の人権擁護者、国際社会、そして人権高等弁務官を含むさまざまな人権専門家の声を一貫して無視し、反駁してきた。ルイーズ・アルブール（人権高等弁務官、当時）から、スリランカにおける人権保護の主たる欠陥の1つは人権侵害に関する、信頼の置ける権威ある情報が存在しないことであるという指摘を受けたにもかかわらず、である。

11 2006年の最高裁決定は、行政府が自由権規約（ICCPR）の第1選択議定書を批准したことは違憲であると判示することにより、国際人権法に基づく政府のコミットメントを損なうこととなった。

殺人と失踪

12 状況がいかに重大であるかは上述の数字によって立証されている。ほぼすべての事件が未解決のままである。国家人権委員会はいかなる数字も公にしていない。ただし、委員会の支部の中には、メディアを通じて若干の情報を公衆に明らかにしてきたところもある。

13 これらの報告書に記載された情報に基づき、被害者のほぼ80％がタミル人であることは明らかである。失踪と殺人はジャフナ半島で最も多く発生している。ジャフナにおける殺人・失踪のほとんどは

高度警戒地域内で、しかも外出禁止令が適用される夜間に発生しており、GOSL軍の関与がうかがわれる。

紛争関連のその他の人権侵害

14 紛争を背景として、LTTEおよびTMVPによる子どもの強制徴用の問題が生じていることはよく知られているが、紛争が継続しているためにほとんど対応がとられていない。2007年12月31日現在、基準年齢に達しない者をLTTEが徴用した事例としては6,248件がユニセフに報告されているほか、453件はTMVPによるものだとされている。両派とも、関係する子どもを釈放すると繰りかえし約束したにもかかわらず、である。

15 多くの報告書で、TMVPは治安部隊と共謀していると主張されてきた。TMVPのキャンプの多くは軍の駐留地のすぐ近くに位置しており、TMVP部隊の出入りもしばしば目撃されていることがその根拠とされる。しかし政府は、TMVPの全面的支配下にある地域で同派による子どもの徴用が行なわれているという報告について、まだ独立の立場からの調査を実施していない。この点について、アラン・ロック大使（子どもと武力紛争に関する国連特別代表特使）が2006年のスリランカ訪問中に行なった発言は、政府関係者によって激しく否定された。

16 人道支援部門で働く国外在住者の就労許可証とビザの発給について新たな規制が課され、また紛争の影響を受けている地域へのアクセスが制約されたことによって、国内避難民の保護とケアを任務とする諸機関の活動に深刻な影響が生じている。

17 「国家安全保障」上の配慮から軍に付与されている特別権限により、紛争地帯以外の地域でも広範な人権侵害が生じてきた。これは、スリランカにおける法と秩序の全般的崩壊を実証するものである。南部の民間人に対して小火器が無差別に提供されていること、また脱法的な自警団（いわゆる「民間防衛隊」）が設けられ、「国家安全保障」を脅かす疑いがあるあらゆる事件または個人を監視・調査する権限

がこれに与えられていることにより、スリランカ全土の民間人が恐怖に怯えている。

18　警察の拘禁下における拷問と死亡、「遭遇」状況下での有名犯罪者の殺害、犯罪者にかかわる警察の黙認の事例は数多く報告されているが、調査はされていない。スリランカは「拷問および他の残虐な、非人道的なまたは品位を傷つける取り扱いまたは刑罰に関する条約」（拷問禁止条約、CAT）を1994年に批准し、その国内法化のための法律を同じ年に導入したが、拷問や残虐・非人道的取り扱いは警察署や拘禁施設全体で蔓延しており、実際に有罪判決が下された例はごく少数である。国の施設における拷問の使用は、国連拷問禁止委員会（2005年）も、2007年10月にスリランカを訪問したマンフレッド・ノヴァク（拷問に関する特別報告者）も記録している。

マイノリティ問題

(a)　プランテーションで働くタミル人コミュニティ

19　2001年の国勢調査によれば、スリランカ丘陵地帯の紅茶プランテーションでもっぱら生活・労働しているタミル人コミュニティは総人口の6％以上を占める。市民権法（2003年法律第35号）は、インド系の無国籍者に市民権を付与することを目的としていた。しかし、タミル人コミュニティの多くは今なお少なからぬ差別事例に直面している。たとえば、要件とされている登録証明書を提出することができないために、投票権を行使することができない。このためにプランテーションで働くタミル人コミュニティの移動も制約されており、とくに若者がテロリズム防止法（PTA）に基づく恣意的逮捕・拘禁の被害を受けやすくなっている。北東部におけるタミル人の政治的活動には、プランテーションで働くタミル人コミュニティはごく限られた形でしかかかわっていないにもかかわらず、である。タミル語を話す政府職員や警察官がプランテーション地帯にいないことも、政府当局との日常的やりとりをむずかしくしている。

20　世界銀行による2007年の報告書によれば、プランテーション部門

の労働者の30％は貧困線以下の水準で暮らしており、13％は国の福祉手当を受給している。プランテーションは私企業によって運営されており、賃金や労働者の福利厚生にかかわる問題については、プランテーションの労働組合と使用者連盟が締結する団体協約で決定される。これらの交渉における政府の労働省の役割は限られたものである。労働者の中心的要求の1つである月払い賃金制は、一度も認められたことがない。プランテーションで働く女性は強制的不妊手術にも直面しており、時には使用者側がこれを推進することもある。

(b) **北部のムスリム**

21 スリランカのムスリム・コミュニティもLTTEと政府との紛争に巻き込まれてきた。1990年10月、LTTEが北部州に住んでいたほぼ7万5千人のムスリムを48時間前の通告で追放して以降は、なおさらである。この北部ムスリム・コミュニティは、南部のさまざまな場所や、北西部州の主としてプッタラムでIDPとなったままであり、将来が不確定であること、資源が欠乏していることによるさまざまな問題に直面している。避難民化した北部ムスリム人コミュニティの女性は、暴力や、受け入れコミュニティである正統派イスラム教徒の影響による自由の制約に直面している。避難民化の状況が17年にわたって続いているということは、1つの世代全体がIDPとして生まれ、教育その他のサービスへのアクセス面で多くの困難に直面しているということでもある。帰還する権利、帰還に代わる選択肢を保障される権利、避難先で尊厳と尊重のもとに生活する権利といった中核的問題への対応は、いまだにとられていない。

法的枠組み

22 現行の非常事態令の中には、国家安全保障およびテロリズムの制圧の利益のために民主的な活動や異議申し立てを合法的に制限・禁止する権限を国に与えているものがある。そこで使用されている文

言は、非体制的なまたは批判的な視点を持つグループの活動を幅広く犯罪と位置づけることを可能にするものである。非常事態令には、職務遂行の過程で誠実に行動した政府軍の構成員を免責する要素も含まれており、不処罰の文化を強化している。2006年から2007年にかけて、メディア関係者や主としてタミル系の民間人が非常事態令に基づいて逮捕・拘禁された複数の事例は、これらの逮捕・拘禁の恣意的性格を浮き彫りにするとともに、治安部隊による露骨な権力濫用をともなっていた。

23 PTAは、2002年2月にGOSLとタミル・イーラム解放の虎（LTTE）が締結した停戦協定によって停止された。しかし2006年から2007年にかけて、PTAによく似た文言と志向を有する複数の非常事態令が公布されている。CFAが破棄されたことにより、PTAが再施行される恐れが出てきた。議会で1カ月間討議し、票決に付さなければならない非常事態令とは異なり、PTAはすでに現行法の枠組みの一部なのである。

24 市民的および政治的権利に関する国際規約法（ICCPR法、2007年）は、政府がどのように口先だけで人権尊重を唱えているかを示す、はっきりした例である。同法には、ICCPRに掲げられている最も重要な諸権利は含まれておらず、憲法の基本的人権の章に何かを実質的に付け加えたわけでもない。同法の狙いが、欧州連合によって定められた、一般特恵関税制度（持続可能な開発とグッド・ガバナンスのための特別インセンティブ取り決め）の受益国として認められるための要件を満たすところにあることは、明らかである。

信頼できる独立機関の不存在

25 スリランカに存在するほとんどの民主的機関の独立性と実効性が徐々に後退していることは、国家人権委員会が、2007年に国際調整委員会によって格下げされたことによく表われている。

26 国家人権委員会（NHRC）は1996年に創設され、人権侵害を調査することから、立法上・行政上の適切な手続のあり方について政府に

助言することに至る広範な任務を与えられた。しかしこの2年間というもの、人権状況が悪化する中で、NHRCは無言の傍観者の立場を選択してきた。NHRCの信頼性は、委員の不正規な任命方法にも影響を受けている。NHRCの委員は、第17次憲法修正で定められているとおり、国家の重要な任命職や他の独立委員会の委員とともに憲法評議会の指名に基づいて任命されるものである。しかし大統領は意図的な憲法違反というべき対応をとり、憲法評議会を設立せず、自ら選んだ委員を一方的にNHRCその他の委員会に任命してきた。

27 人権侵害の批判を受けると、政府は決まって多種多様な特別機関・委員会や調査委員会を創設することにより対応してきたが、これらの機関は加害者の調査については実効性を発揮することができず、人権侵害を抑制する役割はまったく果たしていない。

28 最も直近のものは、この2年間に行なわれた16の具体的人権侵害について調査・報告するために設けられた調査委員会である。2006年11月に設置されたこの委員会は、創設から1年経っても、2つの事件について調査を開始することしかできていない。その作業方法は、オブザーバー機関である国際独立有識者グループ（IIGEP）から、このような調査に関する国際的基準に合致していないとして批判を受けてきた。

メディアの自由

29 戦争報道が厳格に制限されることにより、メディアの自由は著しく制約されており、メディアの関係者・関係機関は、暗殺や暴行、放火、脅迫を含むさまざまな暴力・脅迫行為の対象とされてきた。2006/2007年には11人のジャーナリストとメディア関係者が殺害されており、報道の自由を求める国際的団体は、メディア業界で働く者にとって最も安全ではない国の1つにスリランカをあげている。

女性の権利

30 国はほぼ10年前に、女性に関する独立委員会の設置法案を公にした。法案が内閣に提出されてから数年が経つが、今なお議会を通過していない。

31 所得創出規模の大きさで上位3位を占める雇用部門——製造業、プランテーションおよび移住労働——ではいずれも女性労働者のほうが多数を占めているが、女性が搾取されたり暴力にさらされたりすることを防止するための枠組みはほとんど整えられていない。全般的には、女性に対する暴力行為は増加しつつある。女性の選択の自由に対する制限も同様であり、その範囲は、服装や結婚相手の選択から、リプロダクティブ・ヘルスやセクシュアリティにかかわる実践についての選択に至るまでの広い範囲に及んでいる。中絶は犯罪である。強かんや近親かんの被害者である女性・女児も合法的な妊娠中絶を利用することが否定されているため、法律によって子どものまま母親になる状況へと追いこまれている。

子どもの権利

32 子どもの権利の状況も重大な懸念の対象である。家族構成員、教員、聖職関係者、子どもに対して権力を有しているその他の者によって子どもが深刻な身体的・性的虐待の対象とされる例が、数多く報告されている。しかし、国家子ども保護局（NCPA）や警察の女性・子ども担当デスクの体制は、このような未成年の被害者のニーズに対処するには不十分である。他方、児童養護・プロベーション局が運営している施設は収容過剰の状態にあり、職員や設備も不足している。

立法プロセス

33 スリランカにおける立法プロセスは秘密とごまかしに彩られている。法令の起草・制定における協議や透明性はほとんど確保されておらず、開かれた討議や代替的意見の表明の余地もない。多くの場合、法律は「緊急法案」として議会に提出されるため、基本的権利を侵害するおそれがある法律に公衆が異議申し立てをする余地も奪われている。

周縁化されている集団の差別と犯罪化

34 セックスワークが犯罪化されているため、商業的セックスワーカーは地下へ追いやられ、セックスワーカーと何らかのつながりがある人びととともに、HIV/AIDSその他の性感染症に感染する高いリスクにさらされている。同性の成人間の合意に基づく性的活動も、1883年刑法の第365条および365条Aに基づき、依然として犯罪とされたままである。すなわち、レズビアン、ゲイ、バイセクシュアルおよびトランスジェンダー（LGBT）の人びとは保健サービス、教育、雇用へのアクセスを否定され、社会的・公的生活に参加する能力も奪われていることになる。同様に、スティグマと差別のため、セックスワークに従事している人びとやHIV/AIDSとともに生きている人びとは治療を受けることができず、上述のサービスや空間へのアクセスと参加も否定されている。これらのコミュニティを対象とした、私人や警察による憎悪表現、周縁化、広範な迫害は依然として蔓延しており、国の関係機関もこのような差別や人権侵害を無視するか煽るかすることが多い。

35 LGBTを標的とした人権侵害や迫害のため、スリランカを離れて他国に庇護を求めた人びとも存在する。国内避難民であるLGBTは、紛争中はとりわけ被害を受けやすい立場に置かれる。とくに標的とされ、また性的虐待にさらされることが多いためである。マイ

ノリティ集団に属するLGBTは、その性的指向のために自分自身のコミュニティから拒絶された場合、二重の負担に苦しむことになる。国は、ある者の性的指向またはジェンダー・アイデンティティを直接の理由とする人権侵害については無視している様子である。LGBTであるスリランカ人は、同性間の性的行為が犯罪化されているために、大部分が沈黙したまま苦しんでいる。このような犯罪化は、LGBTに関する否定的ステレオタイプや、このような人びとに対する広範な差別を煽るものである。

スリランカにおける拷問

36　スリランカは拷問等禁止条約（CAT）を1994年に批准し、その国内法化のための法律を同じ年に導入したが、拷問や残虐・非人道的な取り扱いは警察署や拘禁施設全体で蔓延しており、実際に有罪判決が下された例はごく少数である。国の施設における拷問の使用は、国連拷問禁止委員会（2005年）も、2007年10月にスリランカを訪問したマンフレッド・ノヴァク（拷問に関する特別報告者）も記録している。

37　2007年には、GOSLの支配地域で発生した警察による拷問が48件報告されたほか、北東部で発生した拷問事件についても、1つのNGOだけで107件の報告を受け取っている。ほとんどの場合、対象者は入院が必要になるほどの重傷を負ってきた。警察、国家人権委員会その他の国内機構への告発が行なわれてきたものの、いずれの訴えについても、拷問禁止条約法（1994年法律第22号）に基づく訴追を可能にするような真剣な調査はまったく行なわれていない。拷問禁止に取り組む人びとによれば、2007年、刑事捜査部の特別調査班は警察の拘禁下における拷問の訴えについてまったく捜査を行なわなかった。

38　被拘禁者は、拘禁センターで弁護人と面会する際に秘密交通権を保障されていない。接見が法執行官の立ち会いのもとで行なわれることが、拘禁下の拷問についてほとんど報告されない一因となっ

ている。

2008 年 2 月 8 日

【共同署名団体】
1　Association of Family Members of the Disappeared（失踪者家族の会）
2　Association of War Affected Women（戦争被害女性の会）
3　Centre for Human Rights and Development（人権と開発センター）
4　Centre for Policy Alternatives（代替政策センター）
5　Centre for Society and Religion（社会と宗教センター）
6　Centre for Women and Development, Jaffna（女性と開発センター、ジャフナ）
7　Christian Alliance for Social Action（キリスト教者社会行動連盟）
8　Citizens' Committee, Puttalam（市民委員会、プッタラム）
9　Community Trust Fund, Sri Lanka（コミュニティ信託基金、スリランカ）
10　Ecumenical Association of Third World Theologians, Sri Lanka（全教会第三世界神学者連盟、スリランカ）
11　Equal Ground, Colombo（イコール・グラウンド、コロンボ）
12　Families of the Disappeared（失踪者家族会）
13　Father J. J. Bernard（J・J・バーナード神父）
14　Free Media Movement（自由メディア運動）
15　Gampaha District Human Rights Committee（ガムパハ県人権委員会）
16　Dr. Mario Gomez（マリオ・ゴメス博士）
17　Home for Human Rights（ホーム・フォー・ヒューマンライツ）
18　Human Development Organisation, Kandy（ヒューマン・ディベロップメント協会、キャンディ）
19　INFORM Human Rights Documentation Centre（INFORM 人権資料センター）
20　International Friends for Global Peace, Colombo（世界平和のための国際的友、コロンボ）
21　International Movement Against All forms of Discrimination and Racism（反差別国際運動）
22　Law & Society Trust（法と社会トラスト）
23　Muslim Information Centre - Sri Lanka（ムスリム情報センター・スリランカ）
24　Research and Action Forum for Social Development（社会開発研究行動フォーラム）
25　Rights Now – Collective for Democracy（ライツ・ナウ――民主主義コレクティブ）
26　Right to Life Human Rights Centre（生命に対する権利・人権センター）
27　Transparency International Sri Lanka（トランスペアレンシー・インターナショナル・スリランカ）
28　United Federation of Labour（労働総連合）
29　Women and Media Collective（女性・メディア連盟）

【注】

1 SLMMのプレスリリース（2007年2月22日付）参照。http://www.SLMM.lk/press_releases/CFA%205%20years.pdfより入手可能。
2 市民監視委員会（Civil Monitoring Commission）、自由メディア運動（Free Media Movement）、法と社会トラスト（Law & Society Trust）による作業文書（2007年10月31日付）。www.lawandsocietytrust.orgより入手可能。本文書に添付。
3 NESoHR, *Annual report on Human Rights*, 5 January 2008, at http://www.nesohr.org/files/2007_Annual_Report_on_Human_Rights.pdf. 事件の被害者名、発生場所および発生日を記載した詳細な月例報告書もwww.nesohr.orgより入手可能。
4 AHRCによる、2007年11月13日付（http://www.AHRChk.net/ua/mainfile.php/2007/2661）、2007年11月22日付（http://www.AHRChk.net/ua/mainfile.php/2007/2671/）および2007年12月20日付（http://www.AHRChk.net/ua/mainfile.php/2007/2702）の緊急アピールを参照。
5 Human Rights Watch report, "Return to War"（2007年8月6日付）第5章参照。http://hrw.org/reports/2007/srilanka0807/5.htm#_ftnref84より入手可能。
6 http://www.bbc.co.uk/sinhala/news/story/2007/06/070628_mahanama.shtmlのニュース報道参照。
7 添付の ILO Freedom of Association Case No. 2519 — Document No. 0320073482519を参照。

【資料編1　普遍的定期審査（UPR）制度に基づくスリランカ審査　関連文書】

普遍的定期審査第2会期(2008年5月)に向けたスリランカに関する提出文書

（一部編集・抜粋）

反差別国際運動（IMADR）アジア委員会

1　人権侵害(不当逮捕、拘禁、失踪、超法規的殺害、拷問)

- ジャフナをはじめとする北部・東部地域における不法な逮捕と拘禁。
- 失踪件数の増加。
- 超法規的殺害。
- 白いバンによる誘拐（コロンボ）。
- LTTEとカルナ派双方による子どもの徴用。2007年6月現在で行方不明になっている子どもの名簿が、2006年8月、人権担当大臣と警視総監に提出された。回答はない。
- この数カ月間で、人権侵害が蔓延する状況は2002年の停戦協定以前の状態に戻った。その結果、タミル人であるというだけで数千人が逮捕されている。他方、紛争当事者である国軍とLTTEはいずれも、文民の保護など一顧だにせずに行動してきた。
- 現在、国連に報告された失踪発生件数がアジアで最も多いのはスリランカである。
- 主要な16の事件を調査するために2006年9月に任命された調査委員会は、当事者のコミュニティおよび家族から必要な信頼を獲得できていない。
- 首都コロンボで起きた、ムスリム系の実業家を対象とする一連の誘拐事件については適正な捜査が行なわれていない。2007年4月から5月にかけて、富裕なムスリムの人びとを対象とする誘拐と強奪

が発生した。
- 2007年6月、上述の誘拐に関与していたと有力な野党議員から名指しされた空軍将校の1人が警察に逮捕された。これまでのところ、同人を起訴するための措置はまったくとられていない。

拷問の実態

　マンフレッド・ノヴァク特別報告者の報道発表：「政府は同意していないものの、私の見解では、拷問を理由として検事総長局により行なわれた起訴件数の多さ、スリランカ最高裁判所の決定により原告の主張が認められた基本的人権裁判の数、そして国家人権委員会がほぼ毎日のように受理し続けている申し立て件数の多さは、スリランカで拷問が広く行なわれていることを示すものである」（出典：Freemedia Movement）。

人種的背景

- 殺人の被害者の90％以上、失踪の被害者の97％は男性である。タミル系の人びとが圧倒的に多く被害を受けている。タミル人は人口の16％を占めるにすぎないが、殺人の被害者の78％、失踪の被害者の84％はタミル人である。
- 2006年4月、トリンコマリで5人のタミル人青年が殺害された。そのうち1名の父親は、捜査を適正に終結させるための信頼に足る情報を提供することができないまま、スリランカを離れて避難した。

証拠

NHRCに報告された2007年8・9月の事例より抜粋

- 8月5日　スリタラン・タルシャカン（21歳）は、12時半ごろ、8月4日に取り上げられた国民身分証明書（NIC）を取り返すためカンドロディ基地に向かったが、2度と帰ってこなかった。
- 9月5日　マンドゥヴィル・ウエスト（コディカマム）のスンデラム・ジャヤスッダン（27歳）は、NICを取り上げられ、取り戻すために基地へ行ったところ脅迫されたとして、国家人権委員会（NHRC）の保護を求めた。

- シヴァン・コヴィラディ（チャワカチェリ）のカンディア・セルヴァクマリ（30歳）は、逃亡している夫の捜索で自宅にやってきた兵士にNICを取り上げられた。基地に出頭するよう求められたので赴いたところ、ひどい暴行を受けた。彼女は、夫のカンディーパンと3人の子ども――カストゥリ（9歳）、ニロジャ（5歳）、コウシカ（1歳）――とともに、全員でNHRCの保護を求めた。
- 9月10日 マンドゥヴィル・イースト（コディカマム）のトゥライラジャ・ニソクナール（20歳）は、軍にNICを取り上げられ、基地に行って取り返そうと試みるたびに殴られたとして、NHRCの保護を求めた。
- 9月11日 マンドゥヴィル・イースト（コディカマム）のアレクサンドラン・ジャヤセーラン（23歳）は、軍にNICを取り上げられた後、NHRCの保護を求めた。
- ヴァラニ（ジャフナ）のスブラマニアム・ナゲンドラン（33歳）は、2007年12月3日の包囲捜索作戦中に軍にNICを取り上げられた。彼は軍に毎週出頭するよう求められ、出頭のたびに暴行を受けた。最近、数名の男が彼を探しに自宅を訪れ、彼の所在について家族を尋問した。

2007年1～8月のあいだの行方不明者数は540人である。

参考資料

殺人（民族別）

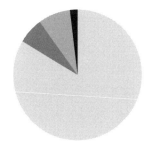

民族	人	%
タミル人	554	83.73
ムスリム	43	6.48
シンハラ人	53	7.98
記録なし	12	1.81
計	662	100.00

殺人（地域別）

地域	人	%
ジャフナ	178	26.81
バティカロア	145	21.99
ワウニア	130	19.58
トリンコマリ	76	11.45
アンパラ	40	6.02
マナー	27	4.07
アヌラダプラ／ポロンナルワ	13	1.96
コロンボ	11	1.66
その他	35	5.42
記録なし	7	1.05
計	662	100.00

失踪（民族別）

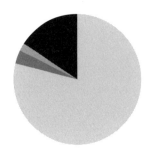

民族	人	%
タミル人	426	78.89
ムスリム	19	3.52
シンハラ人	10	1.85
記録なし	85	15.74
計	540	100.00

（出典：Civil Monitoring Commission の 2007 年 10 月 31 日現在の資料より）

2　人道状況

◆　国連難民高等弁務官事務所（UNHCR）によれば、この2年で約35万人の民間人が国内避難民として登録されている。2006年だけでさらに1万5,658人のスリランカ人がインドに避難した。これまでに

殺害された支援ワーカーは57人にのぼる。
- 2006年から現在にかけて、スリランカの「対テロ戦争」は人道支援機関や人権団体に対する「言論戦争」へと拡大してきた。
- ジョン・ホルムズ国連人道問題担当事務次長について述べたジェラヤジ・フェマンドプール院内幹事長・大臣の発言（2007年8月）：「私に言わせれば、ホルムズは完全にテロリストだ。テロリズムを支持するテロリストだ」。

人種的背景

われわれが派遣した事実調査団の活動によりわかったことのうち、国内避難民（IDP）にかかわるものを以下に列挙する。
- IDPの再定住にかかわる原則が遵守されていない。
- 2年前から防衛大臣規則によって支援ワーカーの移動が制限されている。
- 誓約の対象である前述の期間中に、反飢餓アクション（ACF）職員やその他の支援ワーカーが殺害されている。

影響を受けている地域への救援物資の配布の遅れが、当該地域の民族構成によって異なるように思われることは、LTTEの支配地域のコミュニティを処罰していることに等しい。

証拠

- 民間人およびIDPの逮捕・非自発的失踪（包囲捜索作戦中に行なわれたものも含む）は、依然として、NGOや、人権理事会、国連人道問題調整事務所（OCHA）、ユニセフ、国際赤十字委員会（ICRC）、スリランカ停戦監視団（SLMM）などの機関に報告されている。2007年4月には16件の失踪事件が人権理事会に報告された。
- 57人の人道支援ワーカーが殺害・失踪の被害を受けている（人道支援ワーカーの殺害に関する詳細は以下の記事を参照：http://www.freemediasrilanka.org/English/）。

3　表現の自由

2008年1月、スリランカが、国際ジャーナリスト連盟（IFJ）により、世界で5番目にジャーナリストの命が脅かされている場所に認定される。

人種的背景
- 審査対象期間中に殺害されたジャーナリストの大多数はタミル人である。
- ジャフナの高度警戒地域にあった唯一のタミル語新聞社への攻撃については、まだ捜査が行なわれていない。

証拠
2008年の事件・出来事

1月 1日	国防省が日刊英字紙を攻撃。
1月 2日	準軍事集団がジャーナリスト1人を脅迫。
1月 2日	3人のジャーナリストが死の脅迫を受ける。
1月 5日	有力な複数のメディア労働組合活動家が死の脅迫を受ける。
1月 7日	大臣が、テロリズムを助長しているとして有力なジャーナリストを非難。
1月 9日	ジャフナの日刊紙『ウタヤン』を沈黙させようとする試みが複数回行なわれる。
1月10日	ジャーナリストが刺される。
1月19日	流言には刑罰を科すと国家安全保障メディア・センター（MCNS）が発表。
1月27日	国防大臣、検閲と、名誉毀損の犯罪化に賛意。
1月28日	非公式な検閲が一般化。
1月28日	編集委員が刺される。
1月30日	政府の圧力で有名なコラムが掲載中止に。
1月30日	武装した複数の男がジャーナリスト宅に乱入。

参考資料
- ◆ ウェブサイト「Free Media Movement」(http://www.freemediasrilanka.org)。
- ◆ 「スリランカでは2005年8月以来11人のメディア関係者が殺害されており、メディア労働者の死亡数がイラクに次いで2番目に多くなっている。殺人事件の捜査の結果、起訴につながった例は1件もない」(出典：*Return to War: Human Rights Under Siege*、人権団体「ヒューマンライツ・ウォッチ」ウェブサイト http://hrw.org/reports/2007/srilanka0807/8.htm 内)。

4 報告書提出(人種差別撤廃委員会)

人種差別撤廃委員会(CERD)は、それぞれ1995年、1997年および1999年の3月20日が提出期限であったスリランカの第7回、第8回および第9回定期報告書を、2001年8月7日にようやく審査した。

総括所見 (2001年8月14日付け)
主要な懸念事項
1 テロリズム防止法(PTA)と非常事態令に基づき市民的・政治的権利が制限されており、またこれらがタミル人との関連で差別的に適用されているとの訴えがあること(パラ332)。
2 北部・東部に住む民間人、とくにIDPの状況に関する懸念。締約国が人道支援機関に引き続き援助・協力するよう勧告(パラ333)。
3 インド系タミル人、とくにプランテーション労働者とその子孫(パラ334)。
4 ヴェッダについて。共同体の土地、領域および資源を所有、開発、管理および使用するヴェッダの権利を承認および保護するよう勧告(パラ335)。
5 国民の人口構成に関する最新データの提供を要請(パラ337)。
6 次の点に関する関連情報を2003年3月20日までに提供するよう要請——(a) 地方への権限委譲計画の内容。(b) 北部・東部諸州に住む

タミル人の移動制限の範囲。(c) ヴェッダの状況。(d) 無国籍者の状況。(e) 人種差別撤廃のためにとった措置。(f) PTAおよび非常事態令の適用、とくにタミル人その他の民族集団への適用の状況。

現場の実態（上記「総括所見」の各事項に対応）

1. UPRの審査対象期間中にPTAの規定が編入された非常事態令のもと、タミル人の恣意的逮捕・拘禁が継続している。
2. (a) 2006年以降、スリランカ政府は条約機関の所見に従っていない。人道法上の基本的原則に違反する国防省指針／覚書を参照。(b) ACFワーカーの殺害。(c) 政府支配地域における支援ワーカーの脅迫と殺害。
3. 市民権の付与の促進のため、2002年に市民権法が改正された。
4. ヴェッダの権利を保障するための新たな対応はとられていない。ヴェッダは依然として不法侵入で裁判にかけられており、自分たち自身の土地で権利侵害を受けやすい立場に置かれている。
5. (a) 2000年以降、新たな国勢調査は行なわれていない。(b) 津波の影響を受けた地域に関する人口動態別またはジェンダー別のデータは、国の機関では作成していない。
6. スリランカ政府がUPRの審査を受ける際にも同じ情報を提供するよう求める。

- 写真と、タミル人については民族を含む基本的個人情報を記載した新たなIDが、北部・東部のみで導入された。
- ジャフナ北部の市民が南部に移動するためには軍の許可が必要。

5 勧告

- 人権上・人道上の危機をともに防止するため、地域指導者らの懸念を治安部隊に伝達する機構が緊急に必要である。
- 紛争地域および避難民コミュニティにおける国際社会のプレゼンスが引き続き必要とされている。紛争地域における唯一の外部証人で

あることが多い国際NGOが撤退したことにより、治安部隊の暴力に対する人びとの恐怖心は強まっている。

- 恐怖と不処罰の雰囲気への対応は、調査と十分な証人保護のための支援を通じて加害者の訴追を強く要求することの可能な、いずれかの国連人権監視機構によって進められなければならない。
- 国際社会と大統領調査委員会は、指揮官の責任の問題、とくに国防省への法の適用免除が行なわれている問題に対応するべきである。それがなければ、証人にあえて証言を求めることはきわめて不公正な対応となろう。
- 紛争状況および戦争を規律する人道法の遵守という観点から、人道支援の実施にかかわるあらゆる国防省通達を見直すこと。
- 紛争報道に関し、メディアにおける人種的要素の強調をやめさせるための行動規範を策定すること。
- スリランカ憲法第17次修正の規定に基づき、スリランカ人権委員会および警察委員会の独立性を確立すること。
- 避難民の再定住において、IDPにかかわる原則および規範の遵守を確保すること。
- 人権侵害と人種間の不調和を引き起こしている差別的行為および人種別の取り扱いを監視するため、東部再覚醒計画（ナゲニラ・ナヴォダヤ）の即時調査を実施すること。
- 市民社会が平和と人権の問題に関与することに対して議会で行なわれる憎悪表現をやめさせ、結社の自由、表現の自由および人権の促進の尊重を実証すること。
- 平和、人権、メディアの自由のために活動している市民社会活動家の排除を求める閣僚に対し、しかるべき措置をとること。

【資料編1　普遍的定期審査(UPR)制度に基づくスリランカ審査　関連文書】

普遍的定期審査制度に基づく
スリランカ審査のための報告書

女性・メディア連盟
(Women and Media Collective)

1　差別的な法律

- 母体が危険な状態にある場合を除き中絶は違法。
- 配偶者強かんは、裁判により夫婦が別居している場合のみ、犯罪とされる。
- イスラム法では、イスラム教徒の女性には結婚・離婚に関して男性と同等の権利がない。結婚できる最低年齢の定めがなく、一夫多妻は合法。理論上は結婚に女性の同意が必要だが、実際には同意がなくても嫁がせることができる。男性は理由がなくても、賠償金を払わなくても離婚できるが、女性は相手の過失を立証しなければ離婚できない。イスラム教徒の女性は家庭裁判所の判事や結婚登録官になれない。
- 同性愛は犯罪とみなされる。
- 浮浪罪と売春宿に関する法令で女性は差別されている。
- 女性憲章（1993年）は法律になっていない。女性憲章には全国女性委員会に関する規定がない。

2　安全と暴力

2.1
　女性への暴力に関する包括的な統計はない。全国女性委員会はデータ

ベースの作成を進めているが、データを包括的に収集する能力はほとんどない。警察の女性・子ども保護局によると、女性に対する2006年の重犯罪件数は1,141件（うち殺人144件、重度の傷害449件、強かん353件）、軽犯罪件数は2,344件（うちセクシュアル・ハラスメント963件、殴打などによる傷害1,144件）であった。

- 重犯罪はいずれも起訴されなければならないが、起訴されたのかどうか警察は明らかにしていない。
- 警察も検事当局も起訴、有罪判決、上訴に関する統計を示すことができない。
- 高等裁判所の裁判を傍聴する制度がなく、検事当局は強かんによる有罪判決の記録を保管していない。

2.2 裁判の遅滞

　審理が2段階（陪審と高裁）にわたって行なわれるためでもあるが、性暴力事件（強かん、近親かん）の判決が出るまでに5年から12年もかかることが多い。法医学に関する専門知識の水準が全国一律ではない。性的虐待を受けた者を診察する医師がいる病院はほとんどない。そうした検診に必要な訓練を受けているのは司法医学官（JMO）だけである。開業弁護士によれば、スリランカにはJMOは10人もおらず、被害者は検査を受けるのに何日も待つことがある（女性差別撤廃委員会に提出したスリランカNGO報告書、2002年）。

2.3 ドメスティック・バイオレンス（DV）

　警察が受理した事件はほとんどが警察による調停か、調停委員会に付託して処理され、ドメスティック・バイオレンス法（2005年）が適用されるのはごくわずかである。2007年にはDV法に基づく申し立ては33件にすぎなかった。問題は、同法が警察や裁判官、弁護士、女性に十分に知られていないこと、判事が一方の当事者の申し立てのみに基づいて命令を出したがらないこと、法律その他の支援サービスが十分でないこと（たとえばシェルター。国営シェルターは1つしかない）、保護法令の実施を確保するフォローアップ・メカニズムが整備されていないこと

などにある。ドメスティック・バイオレンスの被害女性を支援する団体（Women in Need, Center for Women's Research, Women and Media Collective）が行なった調査や受理した申し立てによると、配偶者強かんの発生率が高い。性的虐待（暴行）後に殺害するケースもある。

2.4 中絶

違法中絶が1日に500〜750件ある（国連人口基金、2007）。産婦死亡率は低いが、感染流産による死亡率は11.7％（保健省家族保健局、2005）。女性憲章（1993年）で提言されているにもかかわらず、政府は少なくとも強かん、近親かん、胎児異常の場合の中絶を処罰の対象外とすることに消極的である。

2.5 政治的理由による女性の殺害・行方不明

人権のための大学教員（University Teachers for Human Rights、ジャフナ）と人権北東事務局（North East Secretariat for Human Rights、キリノッチ）によると、2005年11月から2006年12月までにジャフナ半島とマナー島で女性が20人殺害された。治安部隊かタミル・イーラム解放の虎（LTTE）による犯行だと言われている。INFORM人権資料センターによると、2007年1月から9月までに16人の女性が政治的理由で殺害された。また女性開発センター（Women's Development Center、ジャフナ）によると、2006年1月から2007年1月までに15人の女性が行方不明になった。

2.6 保護監督官による強かん

容疑者が兵士、警察官、あるいは学校や養護施設など国家機関の職員とされる性暴力事件が多数報告されている。とはいえ、すべての事件が報告されているわけではなく、体系的な記録も残されていない。マスコミの報道によると、1998年には兵士か脱走兵による性犯罪が37件起きたという（女性差別撤廃委員会に提出したスリランカNGO報告書、2002年）。治安部隊員が強かんに関与したか強かんで起訴され、有罪判決が出たケースは、強かんと殺人に対するクリシャンティ・クマラスワミ判決（1998年）だけである。

2.7　逮捕・留置

非常線が張られ、家宅捜索が行なわれて多数の女性が少なくとも24時間留置され、（1997年7月に出された、被留置者の福利に関する大統領令に盛り込まれた）留置されている女性に対する保護措置は無視されている。治安法で逮捕された女性は、基本的な保護措置の適用を受けなかったと申し立てている（女性が留置された場合、警察署には必ず女性看守を置くことになっているが、実際にはほとんど置かれていない。警察は大規模な非常線を張って捜索活動を行なう場合でも、女性看守を配置するとは限らない）。逮捕期間（とくに警察に留置されている期間）の月経は大きな問題である。逮捕された女性に対しては見回り回数が少なく、存在を忘れられ、必要以上に長く留置されることがある。

2.8　客引きによる留置

こうした犯罪を対象とした特別拘置所があるが、釈放される時期が明確でない。5歳未満の子どもは母親といっしょに拘置されることが多い（一般的な犯罪についても同様）。放浪者に関する法令により逮捕された女性（「客引き」をした者、薬物乱用者、精神障害者）については、メスセバナ女性拘置所など特別施設があり、彼女たちは家族（多くの場合、男性）がいる場合にかぎって釈放される。

2.9　少女

少女拘置所は、刑法を犯した少女と、ケアや保護が必要な少女（児童労働者、性的虐待を受けた少女、ストリート・チルドレン）を区別していない。性的虐待を受けた少女は、加害者に対する裁判が終わるまで保護される。青少年法により、刑法に触れた少女は18歳まで収容されるが、その後については何の規定もなく、売春婦になる者が多い。

3　住宅をもつ権利

国の土地分配政策は世帯主名義で所有権を付与している。慣習上、男

性だけが世帯主とみなされる（男性が死亡あるいは失踪した場合を除く）。東部のイスラム教徒の女性は住宅のほぼ95％を所有していたが、家は津波で破壊され、建て替え住宅は家族内の成人男性の名義で登録されたため、所有権を失った（Suriya Women's Development Center, Batticaloa, 2007）。

4　女性の国内避難民

4.1

　定住地域には軍による検問や検挙がつねにあり、女性はとくに弱い立場に置かれている。過激派組織が徘徊し、性暴力事件が報告されている。国内避難民のキャンプ内でもキャンプ外でも、若い女性の安全が脅かされ、性暴力を受ける恐れがあり、家族は十代の娘に「結婚」の取り決めをさせている。検問所が増えたため、少女は学校に通っていない。女性はキャンプ内でも性暴力を受けているが、管理当局は性暴力事件をもみ消している。女性には生計を立てる手段がなく、ドメスティック・バイオレンスなどの暴力から逃れるのが難しい（South Asians for Human Rights (SAHR) Mission, 2007）。

4.2

　多くのキャンプや福祉施設には、家族計画や子育て、幼児保育など保健関連の設備が最小限のものしかない。強制的に家を追われた女性たちがリプロダクティブ・ヘルスを求めても、体系的な緊急対応策がない（SAHR, 2007）。

4.3

　キャンプ内では男性のほうが管理当局と交渉できる立場にあり、意思決定に際して意見を求められたり、キャンプ内の諸事項について助力を求められたりすることが多い。避難民の中で単身の女性や寡婦は家族の生活に責任を負う立場にあるが、サービスや食糧へのアクセスに関してとくに不利な立場に置かれている（SAHR, 2007）。

5　貧困と女性の社会的・経済的権利

5.1　労働力、女性の雇用・失業

5.1.1　スリランカの労働力人口は800万人。北部州と東部州を除くと、2006年第1四半期の女性の労働力率は35.5％、それに対し男性は69.3％であった。女性の場合、労働力率が高い年齢層は20歳（45.8％）から39歳（47.2％）までで、全労働力人口のうち240万人が女性である（Dept. of Census and Statistics, 2004）。

5.1.2　女性労働者の部門別内訳は、農業39.9％、製造業26.1％、サービス業34.0％となっている。女性の失業率は1996年の17.7％から、2006年には大幅に低下して10.1％となった。一方、男性の失業率は同じ期間に8.2％から5.5％に低下した。女性はほとんどが半熟練労働者か非熟練労働者として雇用されており、労働市場における地位が低い（Dept. of Census and Statistics, 2004）。

5.2　貧困

1人当たり1,423スリランカ・ルピー（14ドル）が現在の貧困ラインである。2002年の全国貧困調査によると、全人口に占める貧困者の割合は22.7％であった（北部州と東部州を除く）。2006年にはインフレ率が20％に急上昇したと推定され、推定200万世帯が貧困状態にある（世界銀行、2007年）。「国家貧困緩和プログラム」の参加者のうち80％は女性である。全世帯の約21％は女性が世帯主である（北部州と東部州を除く。Dept. of Census and Statistics, 2004）。

5.3　賃金格差

全国統一中学・高校卒業試験やさらに上級の試験に合格し、民間の正規部門で雇用されている女性の賃金は、同等の資格をもつ男性の平均67％にとどまっている。インフォーマル部門では、この格差がもっと大きい（Dept. of Census and Statistics, 2004）。

6　女性の国外移住労働者

6.1
　出身地区の貧困率はコロンボへの移住にともなって大きく変わる。南部、北部、東部の貧困県から多数の移住者が出ている。家内労働に従事する移住女性に発行されるビザは彼女たちを、国内または国際的に保障された権利を有する労働者とみなしていない。2005年に移住労働者から申し立てのあった権利の侵害でとくに多かったのは、身体的嫌がらせやセクシュアル・ハラスメント、所定の賃金の不払い、コミュニケーションの欠如であった。国外移住者が死亡した場合、事故か殺人、自殺として記録される（スリランカ海外雇用庁、2006）。移住労働者は世界のインフォーマル部門の一角を占める臨時労働者とみなされ、労働組合は多くの場合、彼らの権利の擁護に取り組んでいない。2007年3月、政府は5歳未満の子どもをもつ女性に対し、国外で働くことを禁止しようとした。国外に移住すると、スリランカでの投票権を行使できない。

7　製造業に従事する女性

7.1
　自由貿易地区で働く女性は公務員と違って休暇が取れない。本人の同意なく、時間外勤務を強要されることが多い。仕事のきつさによる身体的ストレスのために、つねに生産的に働けるとは限らない。

8　リプロダクティブ・ライツ（性と生殖に関する権利）

8.1
　1993年のスリランカ女性憲章と女性の権利に関する国際条約に準拠した「女性の権利法案」（2001年と2005年に提出）はまだ最終的にまとまらず、議会で可決されていない。不妊手術を受けるには、家庭保健従事者、助産師、村長、夫の承認を得て資格証明書を提出しなければならない。

配偶者の承認が「必須」条件とされるため、女性は強制妊娠を完全に免れない。

8.2
　スリランカには配偶者強かんを犯罪と認める法律がない。違法中絶が1日に500～750件あり（UNFPA, 2007）、中絶を希望する女性の大半は既婚者である。

8.3
　思春期の少女に貧血が多いのは、成長するにつれて家族内で差別的な扱いを受けるようになるからであろう。こうした傾向は未成年妊娠率が比較的高いことにも見てとれる。妊娠女性の貧血発症率はパキスタンと同程度である（Save the Children, 2006）。この直接的な原因は、大家族の中で妊婦の食事が制限される社会的慣行にある。妊婦死亡率や新生児死亡率は低下しているが、低体重児出生率はアジアのほかの国に比べて高い。2005年の統計によると、新生児の11.5％が低体重児であった。この数値は地域によって違い、ヌワラエリヤでは17％、アンパラでは14％、モネラガラでは13.9％であった。十代の妊娠率はアンパラ、バティカロア、モネラガラ、トリンコマリ、ジャフナ、パッタラムで高く、9％以上である（Family Health Bureau, 2007）。こうした地域は内戦や極度の貧困の影響が大きい。

8.4
　2001年における寡婦の数は47万1429人（全女性の5.5％）で、寡夫（7万8,165人、全男性の0.9％）よりはるかに多い（Dept. of Census and Statistics, 2005）。これはスリランカの社会福祉プログラムとリプロダクティブ・ヘルス・プログラムの策定に際して考慮すべき重要な点である。

9 婚姻における権利

9.1
　イスラム教徒の女性の結婚、離婚、扶養に関する法律は現行憲法以前に制定されている。そうした法律は女性差別撤廃条約の原則に反する。イスラム教徒の女性には結婚と離婚について男性と同等の権利がない。イスラム法では一夫多妻が認められている。

10 スリランカの政界における女性代表

10.1 議会などに占める女性の割合
　10.1.1　国会における女性議員の割合は4.8％（2004年）、州議会においては3.3％（1997年）。自治体職員に占める女性の割合は1.97％（2002年）、52人の大臣のうち女性は3人で、閣外の大臣職35人と副大臣20人の中に女性は1人もいない（2007年）。
　10.1.2　文化、考え方などに関する制約のほかに大きな制約が3つある。
　10.1.3　選挙制度
- 1948年の独立以後、女性議員の数はほとんど変わっていない（6％を超えたことがない）。スリランカの選挙制度は1989年に単純多数制から比例代表制に変わったが、ほかの国とは違って、女性議員の割合は増えていない。
- 現在の選挙制度は女性候補にいくつかの難題を課している。比例代表制のかなり大きな選挙区では、女性は資金面でも時間面でも選挙運動が制約される。スリランカで採用されている比例代表制には選択投票制があり、そのために同じ政党の候補者同士がせめぎあうことになる。

　10.1.4　政党から支援なし
- 女性は選挙運動や政党への支援獲得に重要な役割を果たしているが、党内の意思決定機関の周辺に追いやられ、選挙に出られる有力候補だとはみられていない。政党推薦候補のうち女性は10％に満たない。

10.1.5　暴力

- 選挙戦でひどい暴力が使われ、女性を政治から遠ざけている。暴行、有権者への威嚇、不正投票のほか、候補者やその支援者（女性を含む）が攻撃されることもある。
- 性暴力が起きた選挙もある。

▲バティカロアの津波避難民キャンプにて（2005年2月）

【資料編1　普遍的定期審査（UPR）制度に基づくスリランカ審査　関連文書】
UPRへの提出文書

スリランカ内戦による国内避難民

ノルウェー難民評議会（NRC）国内避難民モニタリング・センター（IDMC）

I　スリランカにおける国内避難民

1　スリランカでは政府軍と「タミル・イーラム解放の虎」（LTTE）の内戦により現在、少なくとも48万人が国内避難民となっている。多数派シンハラ人と少数派タミル人との歴史的対立から内戦は25年に及び、その間に7万人が死亡し、大量の国内避難民が発生している。

2　2006年半ば以降、内戦が激化し、政府軍もLTTEも故意に一般市民を標的にし、重大な国際人道法違反を犯している、あるいは容認していると非難されているが、新たな国内避難民が急増したうえ、1983年から2002年にかけての内戦と2004年12月の津波ですでに家を追われていた多数の避難民にとって悲惨な生活が長引いている[*1]。

3　2008年1月、スリランカ政府は2002年の停戦合意から脱退したため、内戦がさらに激化する恐れがある。

II　紛争による国内避難と避難民の数

4　スリランカでは、内戦による国内避難は今に始まったことではない。市民はいく度となく政府軍あるいはLTTEの標的にされてきた。多くの場合、とくに2006年以降、双方による人道法違反はことにひどく、市民を人間の盾にしたり、聖地や避難所を攻撃したり、報復

的殺人、拉致、失踪、暗殺が起きている。その結果、人びとは家から逃げ出さざるを得ず、長期にわたって避難生活を続けている者が多い。

- ◆ 2006年4月現在、スリランカの内戦と暴力による避難民は31万2千人を越えていた。
- ◆ 戦闘の再開によって、避難民は2006年12月末には52万人に増え、スリランカは避難民の割合からして、アジアで国内避難民の発生率が最も高い国の1つとなっている。
- ◆ 政府は2007年に東部で大規模な帰還プログラムを開始したが、内戦による国内避難民の数は少なくとも48万人と推定されている。

III　主な懸念事項

民族や出身による差別[*2]——緊張や紛争の原因となり、国内避難民を生む

5　民族や出身による区別や差異があると、異なった集団に属する者は、社会的・文化的・経済的・政治的生活において人権を享受できず、集団間に緊張が生まれ、その結果、紛争や強制避難が生じ、避難民はさまざまな人権を享受することができないか、享受を制限される。

6　スリランカではシンハラ人が人口の74％を占め、タミル人は約12％で、主に北部と東部に住んでいる。別の民族集団であるインド・タミル人は人口の約5％、イスラム教徒は約7％を占めている。シンハラ人はほとんど仏教徒であり、タミル人はほとんどがヒンドゥー教徒である。

7　英国による植民地支配が1948年に終わった後、タミル人は一連の政府政策を見て、スリランカはますますシンハラ人中心の社会になり、自分たちは周縁に追いやられるのではないかと危惧した。1956年にシンハラ語が唯一の公用語とされ、1972年憲法の規定ではシンハラ語と仏教が優遇された。タミル人に対する差別は土地の所有や利用についてもはっきり見られた。歴代の政府はシンハラ系の貧しい農民を、タミル人が多数を占める北部州や東部州に定住さ

せることにしたため、一部のタミル人が過激化した。1970年代半ばには、タミル人指導者は自治より分離独立をますます強く求めるようになった。1983年の民族抗争後、政府軍とLTTEの武力紛争が拡大し、今日まで続いている。

8 2005年にスリランカ自由党がシンハラ・ナショナリズムを掲げて政権を握って以来、政府は少数民族問題に対していっそう強硬な姿勢をとっている。近年相次ぐ避難、帰還、再定住という動きの中で、少数派コミュニティは、政府が推進する定住プログラムは東部州の民族構成を変えようとするものではないかと懸念を強めている。東部州の一部のタミル人とイスラム住民に言わせれば、政府がシンハラ人をタミル・イスラム地域に定住させたり、行政区画を変更してある地域の少数民族人口を減らしたり、少数民族の土地を仏教寺院建立の聖地だと公言して取りあげたりすることは、国策として進められているシンハラ化にほかならない。

9 タミル人とイスラム教徒の摩擦がとくに北部で高じ、LTTEは1990年に北部と西部から6万人のイスラム教徒を追い出した。こうしたイスラム教徒の大半は今も国内で避難民生活を続けている。スリランカのイスラム教徒は依然として国の政治過程から著しく疎外されている。

武力紛争時における文民の保護[3]と市民的・政治的権利、とくに生存権[4]、拷問および残虐な、非人道的な、あるいは品位を傷つける取り扱いや刑罰の禁止[5]、移動と居住の自由[6]、私生活の保護[7]

10 一般市民はスリランカの武力紛争に巻き込まれる危険がつねにある。戦闘員に強制的に家を追われたり、あるいは避難を阻止されたりしてきた。避難後は、自分たちの意思に反して出身地に送還される恐れもある。

11 2006年7月、数日にわたる激しい戦闘で推定5万人が家を追われた。女性や子どもを含め数千人が安全な場所を求めて、食糧や水もないまま何日も歩かざるを得なかった。激しい戦闘が続いて市民に被害が及んだ。病院や学校もたびたび空爆を受けて損傷し、患者や生徒

も被害を受けた。2006年11月、2千人以上の国内避難民が収容されていたバカリの学校が空軍の爆撃を受け、62人が死亡し、47人が負傷した。

12 政府もLTTEも、一般市民の命が脅かされているのに避難させなかった。政府は2006年8月、ジャフナ半島とスリランカ本土を結ぶ唯一の幹線道路であるA9号線を封鎖したため、半島に住む60万人のほとんどが爆撃にさらされ続け、あちらこちらで拉致事件が起こり、食糧、医薬品、その他の必需品が著しく不足した。

13 LTTEは支配地域ワンニの住民に厳しい制約を課し続けた。ワンニから出る者は、戻ってくることを保証するために、家族を残していかねばならなかった。LTTEはバティカロア県の戦闘から逃れたい市民の移動も認めず、一般市民がいればLTTE支配地域への爆撃は阻止されるだろうと考え、市民を人間の盾にした。

14 2007年3月、政府は東部州で決定的な軍事的勝利を収め、大規模な帰還プログラムを開始した。多くの国内避難民は当時、出身地域の治安に不安を感じ、帰還する用意ができていなかった。砲撃が続き、大勢の兵士が駐留していたうえ、紛争が停止してもインフラや基本的な設備がなく、成人も子どもも武装集団に強制的に徴集される恐れがあった。地雷や不発弾も心配であった。

15 にもかかわらず多くの国内避難民は自らの意思に反してバスに乗せられ、送り返された。帰還することに同意しなければ、食糧配給量を減らし、もう安全を保障しないと言われた者もいる。避難民の帰還は軍を配置して行なわれ、文民行政官の姿はほとんど見えなかった。初期段階の帰還以降、強制度は低下したものの、まだまだ強制的に行なわれている。

経済的・社会的権利、とくに十分な生活水準を確保する権利[*8]、健康を享受する権利[*9]、教育の権利[*10]、労働の権利[*11]

16 国内避難は避難民の生活水準を大幅に低下させ、基本サービスへのアクセスを相当に妨げる。食糧や水、住宅など、生きていくために即座に必要なものを最低限確保することすらきわめて困難である。

スリランカ内戦による国内避難民 | 119

大半の避難民の生活水準は決して満足できるものではなく、そのために権利を行使する機会が十分に得られないでいる。たとえば、教育や医療を受けられず、働いて生計を立てる機会が得られない。

十分な生活水準（住宅）を確保する権利

17 スリランカの多くの国内避難民は衛生設備がお粗末なキャンプで、すし詰め状態で暮らしている。多くの場合、トタンなどでつくった一時収容所におり、この地域の焼け付くような気温に適した住居ではない。

18 トリンコマリ県キリベディの国内避難民約5千人は、わずか2週間の居住を目的とした一時収容所に何カ月も詰め込まれて暮らしている。キリベディにいる多くの避難民は、政府がトリンコマリ県ムトゥーイーストとサンプールを「厳戒地区」に指定したため、家に帰ることができない。もっとも、政府はムトゥーイーストを治安上の理由で封鎖する一方、同地域を、国内外から多額の投資が可能な「特別経済区」に指定してもいる。政府は、ムトゥーイーストの家に帰れない4,250世帯（大半はタミル人）への補償や再定住の問題にまだ取り組んでいない。

19 政府がセメント、鉄鋼、燃料などの建築資材をLTTE支配地区に輸送することを禁止したため、援助機関は避難所の建設を中止するか断念せざるを得なくなった。LTTE支配地域ではセメント価格が500％も値上がりし、避難所を必要としている人びとにとってあまりにも高すぎる。

20 政府のプログラムで帰還しても、十分な住宅を確保するのはやはり難しい。たとえば、何件かの帰還は雨季に行なわれ、帰っても住宅の用意はほとんどなかった。帰還者の一部は木の下で寝るか、壊れていない家に数家族が寄り添って住むしかなかった。

食糧を得る権利——飢餓から逃れる万民の基本的権利

21 内戦は農業生産を崩壊させ、帰還者は農期を2度逃した。そのため、食糧援助に完全に頼っている者が多い。国際機関は帰還世帯に種と

農具を提供して、種まき時に農業を再開させ、食糧援助への依存度を低減させようとしてきた。

22 ところが2007年3月の国連世界食糧計画（WFP）の報告によると、近年、国内避難民が倍近くに増え、WFPにとって大きな人道上の課題が生じているという。一部の県では、WFPは限られた資源を新たな避難民に振り向けるために、母子栄養プログラムや学校給食プログラムの中断を余儀なくされている。

23 政府や国際機関の栄養調査によると、内戦による生活や市場の破壊、幹線道路A9号線の封鎖、治安上の理由による農業・漁業の制約により、ジャフナ県北部で急性栄養失調が深刻化している。幹線道路A9号線の封鎖後、国内避難民などの弱者に対する食糧援助は何カ月も供給不足が続いた。WFPは必要な配給量の20％しかジャフナに輸送できなかったからだ。

24 スリランカでは家族で食糧を分ける際、女児を差別する傾向にあるため、栄養不良の影響を過度に受けるのは女児である。重度発育不良の女児（5歳未満）は同じ年齢の男児より40％近く多い。

水を得る権利

25 国内避難民が増えたために、北部や東部の避難民に以前から十分に供給されていなかった水や衛生サービスの提供がさらに厳しくなっている。いくつかのキャンプは孤立した場所にあるため、きれいな水がほとんど手に入らない避難民が多い。

26 政府当局は水を、避難民を出身地に帰還させる手段に使っている。2006年9月、政府は国内避難民キャンプを閉鎖し、水道を止めた。帰還は時期尚早だという警告があったにもかかわらず、避難民はトリンコマリ県のカンタレからムトゥーに帰るしかなかった。

最高水準の身体的・精神的健康を享受する権利

27 北部、とくにジャフナに通じる道が封鎖されたため、国内避難民や受け入れコミュニティの健康状態や栄養状態が全般に悪化している。多くのキャンプには最小限の保健施設しかなく、リプロダクティ

ブ・ヘルスのためのニーズがあっても手際よく緊急に対応することができない。

28 北部や東部の紛争地域では、人びとが医療施設にたどり着くのは難しい場合が多く、行くまでに何時間もかかり、検問所をいくつも通過しなければならない。医薬品や外科器具がそろっていない医療施設もある。一部の紛争地域では移動診療所が巡回しているが、重大な人道的危機には十分対応できない。

29 内戦は人びとに精神的・社会的苦悩を与えている。人口の推定2％が精神的ケアを必要としている可能性があり、自殺者が増えるのではないかと懸念されている。スリランカはすでに世界で最も自殺率の高い国の1つになっている。

教育の権利

30 スリランカにおける国内避難は子どもたちの教育に深刻な影響を与えることが多い。学校は閉鎖され、キャンプには教育施設がなく、困難な生活環境にあるからだ。若者が教育課程を修了できるかどうかは、家族が生きていくために子どもも稼ぎ手になることが求められるかどうかにもよる。女子の教育は以前から優先度が低いが、避難生活期間はさらに軽視される。

31 政府軍とLTTEの戦闘が1年前から東部で激化し、25万人以上の子どもたちが教育を一部あるいはまったく受けられなくなった。バティカロア県だけで少なくとも13万5千人の生徒の教育が影響を受けた。多くの学校が閉鎖されて避難所となり、また政府軍とLTTEの攻撃で損傷したり破壊されたりした学校もある。

32 北部と東部では内戦に起因する経済苦で生徒の中退率や欠席率が高い。内戦のために子どもが本来大人の責任を引き受けざるを得ず、通学をあきらめた子どももいる。

労働の権利、公正な労働条件で働く権利、社会保障を享受する権利

33 内戦と避難は短期・長期にわたって、回復しようのない経済的・社会的影響を避難民に与える。市民が仕事を自由に選択して続け、生

計を立てる機会が直接妨害されることが多い。避難生活の中で新たな雇用や収入を得る機会を見つけるのは難しく、政府は避難を余儀なくされた人びとに基本的な社会保障を提供しなければならない。家や財産、雇用、そのほか生きていくために収入を得る機会の喪失など短期的な影響は、避難生活が続けばいっそう深刻になる。

34　政府が戦略的軍事施設を保護するために「厳戒地区（HSZ）」を設けたことが、多くの国内避難民の生活に影響している。HSZはほとんどの軍事施設のフェンスから4kmまでの範囲に及ぶ。HSZはタミル人の農地に理不尽な影響を与えているという指摘もある。とくにジャフナでは、HSZが推定で18カ所あり、自分の農地に入って農作業ができない農民が多い。ジャフナ半島のHSZは全部で60平方km以上を占め、10万9千人以上の避難民を出した。2006年8月にジャフナで戦闘が起きて以来、さらに4万6千人が避難した。政府軍が市民生活を厳しく制約したため、漁業を営む1万7,500世帯（ジャフナ住民の9%）の収入が減少した。

人道的アクセスの制限*12

35　スリランカでは2006年以降、人道援助の余地が徐々に狭まっており、援助機関が国内避難民など弱者のニーズに対応することがますます難しくなっている。援助従事者が残虐な紛争の標的にされ、2006年1月以降、少なくとも30人が殺されるか失踪して死亡したと推測されている。人道援助機関の報告によれば、バティカロア県で脅迫事件や恐喝未遂が増えており、それらは政府と結託した民兵組織「タミリーラ・マッカル・ビドゥタライ・プリカル」の仕業だという。

36　国内外に多数の人道援助機関があるが、それらの役割は限られており、避難民帰還の性格や時期について異議を申し立てたり議論したりする余地がない。援助機関は支援を期待されているが、政府の計画には疑問をはさめず、支援の提供という人道的要請と、不本意な帰還は支持しないという原則との間でジレンマに陥っている。

37　東部での大規模な戦闘は2007年7月に終結したが、政府は数多く

の援助機関が無制限に人道的支援を行なうことを今なお拒否している。「人道的アクセスが許されない」帰還地域では、国連と赤十字国際委員会（ICRC）のみが一定の場所で活動することを制限付きで認められている。「人道的アクセスが規制された」帰還地域では、国連機関とICRC、国際NGOは一定の手続きを踏めば活動できる。その手続きの1つとして、援助機関はプロジェクト案を政府職員に提出しなければならず、政府職員はそれを地域軍司令部に回す。援助機関は政府と軍の承認を得たうえで、地域社会への援助を開始できる。援助機関は従事者について詳細な情報（プロジェクト・スタッフの居住地、識別番号、配備する全車両の登録番号など）を政府当局に提供しなければならない。

38　バティカロア県西部の帰還地域や、トリンコマリ県の一部のコミュニティや国内避難民キャンプでは、人道的アクセスが依然としてとくに難しい。とはいえ、この数カ月でアクセス件数が増え、現在、国連機関や国内外のNGOを合わせて20以上の援助機関が帰還地域の一部で継続的に活動している。キリノッチ県南部では砲撃が続いているために、人道援助機関が今も入れない。

　上記の情報は以下を参考にした。
- IDMCオンライン・データベース上のスリランカの国情
- スリランカ特別報告書「内戦における市民──スリランカの国内避難民」

こうした情報は、http://www.internal-displacement.org/countries/SRILANKA/で入手できる。

Ⅳ　IDMCの提言

すべての紛争当事者に対して
- 国際人道法を尊重し、軍事作戦によって生じる危険（強制避難、任意の避難を含む）から市民を保護する措置を講じること。
- 国内外の人道援助機関が、紛争当事者の支配地域におけるすべての

困窮者に無制限にアクセスすることを認めること。

国際社会に対して
- 国際人道法違反と人権侵害（強制的および任意に住民を自宅から退去させること、スリランカ軍や武装過激派組織が避難民を不本意に帰還させることを含む）を非難すること。
- スリランカ政府に対して、国内の人権状況を改善し、国連監視団の駐在を受け入れるよう働きかけること。

人権理事会理事国に対して
- スリランカで政府とLTTEの双方が国内避難民の人権を侵害している問題を2008年の人権理事会に提起すること。

スリランカ政府に対して
- 国内避難民が自分たちの保護状況について政府当局や国内外の人権機関に懸念を表明する方途を確保すること。
- 政府当局に強制帰還をやめさせ、国内避難民が十分な説明を受けて同意したうえで帰還を決定する措置を講じること。
- 軍に代えて文官当局や文民監視員が帰還プロセスに果たす役割を拡大すること。
- 国内避難民を帰還させる前に、出身地域に民兵組織や地雷、そのほか安全な帰還の障害となるものがないことを確認する。
- 少数派コミュニティを差別すると思われる規制（ムトゥーイーストへの帰還を阻止する一方で、そこを投資開放区とすることなど）を撤廃すること。
- 政府が厳戒地区や立ち入り禁止地区を指定したために避難させられたすべての市民に公平に補償し、彼らの再定住に全面的に関与すること。
- 援助従事者に対する嫌がらせを防ぎ、援助従事者を狙った犯罪行為の不処罰に終止符を打つ措置を講じ、国内避難民が安全に帰還できるようにすること。
- スリランカにおいて安全な人道的環境を再構築し、維持すること。

- 国内避難民が基本的人権を享受しているかどうか、国家人権委員会が独自にモニタリングできるようにすること。
- スリランカの多数派と少数派による内戦の根本的原因を除去すること。そうしないかぎり内戦と避難は続く。

スリランカ国家人権委員会に対して
- 国内避難民の人権状況を監視し、政府が講じた措置が、国内避難民が十分な説明を受けて同意した内容とたがわず、「国内避難の指針」に完全に準拠したものになるよう配慮すること。

【注】

1 本報告書では、スリランカ内戦による国内避難民のみを取りあげる。
2 世界人権宣言第1条、人種差別撤廃条約第1条1項のほか、市民的および政治的権利に関する国際規約（自由権規約）第2条1項、経済的、社会的および文化的権利に関する国際規約（社会権規約）第2条2項などの反差別条項。
3 ジュネーブ諸条約（1949年）に共通する第3条、国際人道法の慣習的規則、とくに避難と避難民に関する規則（例：ルール129B、131、132、134、135）、文民と戦闘員の区別に関する規則（例：ルール1）、無差別攻撃に関する規則（例：ルール11）、攻撃の予防に関する規則（例：ルール15）、攻撃の影響に対する規則（例：ルール22）（ここで言うルールとは、'Study on Customary International Humanitarian Law', *International Review of the Red Cross*, Volume 87, Number 857, March 2005で定義されたもの）。
4 世界人権宣言第3条、自由権規約第6条1項。
5 世界人権宣言第5条、自由権規約第7条。
6 世界人権宣言第13条、自由権規約第12条。
7 世界人権宣言第12条、自由権規約第17条。
8 世界人権宣言第25条1項、社会権規約第11条1項、および同条が第12条、第13条、第6条に及ぼす影響。
9 世界人権宣言第25条1項、社会権規約第12条。
10 世界人権宣言第26条1項、社会権規約第13条。
11 世界人権宣言第23条、社会権規約第6条、第7条、第9条。
12 国際的慣習によれば、紛争当事者は迅速かつ円滑に人道援助を行なうことを認め、推進しなければならず（ルール55）、人道援助従事者と援助対象者を尊重し、保護しなければならない（ルール31、32）（ここで言うルールとは、'Study on Customary International Humanitarian Law', *International Review of the Red Cross*, Volume 87, Number 857, March 2005で定義されたもの）。

【資料編1　普遍的定期審査（UPR）制度に基づくスリランカ審査　関連文書】

普遍的定期審査に関する作業部会の報告
——スリランカ*

（抜粋）

人権理事会第8会期、議題項目6
A/HRC/8/46　2008年6月5日
配布：一般、原文：英語

Ⅱ　結論および／または勧告

82　双方的対話の過程で作成された勧告はスリランカによって検討され、以下の勧告がスリランカの支持を得るに至った。

1　国際社会の支援を得て、国内人権機関の能力構築の増進を継続すること（中国）。また、ここで言う国際社会には国連人権高等弁務官事務所（OHCHR）も含むものとし、国家人権委員会（NHRC）を強化するためにOHCHRの効果的貢献を求めること（キューバ）。

2　国家人権委員会等の人権機関の独立性を強化および確保すること（チェコ共和国、ウクライナ）。このような対応はパリ原則にのっとって（英国、ドイツ、アイルランド）、かつ憲法第17次修正の実施等も通じて可能なかぎり早期に行なうこと（カナダ）。また、これらの人権機関の多元的性格を確保すること（アイルランド）。

3　スリランカに対し、NHRCの体制上および運用上の独立性を強化することなどの手段により、さまざまな制度上および人権上の基盤の強化をさらに進めるよう奨励する（韓国）。

4　社会のあらゆるレベルで人権を実施するために国際的諸機構と積極的に協力するとともに、中核的人権条約および人権理事会

の特別手続への参加を検討すること (ウクライナ)。
5 特別手続から送付されてきた質問票に、時宜を得た形で対応するよう努めること (トルコ)。
6 国連人権機構およびOHCHRとの緊密な対話を継続すること (韓国)。
7 自由権規約のすべての実体規定を国内法に編入するよう求めた自由権規約委員会の勧告を、すでにそのような対応がとられているのでなければ、考慮すること (メキシコ)。
8 国レベルにおける国際人権文書、とくにICCPRおよびCAT[拷問等禁止条約]の全面的編入および実施を、すでにそのような対応がとられているのでなければ、確保すること (チェコ共和国)。
9 国内法が子どもの権利条約に全面的に合致したものとなることを確保すること (ポーランド)。
10 自国が締約国となっている国際人権文書の全面的実施のための努力を継続すること (モロッコ)。
11 UPRプロセスのフォローアップに市民社会組織 (多民族コミュニティの組織ならびにスリランカ北部・東部の紛争地域の組織を含む) の参加を得ること (英国)。
12 2006年に誓約された人権憲章の導入など、国内諸機関の人権機構および能力構築をさらに支援すること (アルジェリア)。
13 国内行動計画において、任意の期間内に達成されるべき具体的基準を定めること (オランダ)。
14 権利を侵害されやすい立場に置かれた層に対して人道支援へのアクセスを確保するための措置をとるとともに、人権擁護者および人道支援ワーカーを含む文民保護のためにさらなる措置をとること (カナダ、アイルランド)。
15 大統領調査委員会に対し、その法律上の調査権限を最大限に活用するよう奨励するなどの手段により、支援ワーカーの殺害に関する調査が十分な形で終結されることを確保すること (米国)。
16 拷問問題に関する特別報告者の勧告を実施すること (デンマーク、フランス)。

17 人権擁護者の活動のための安全な環境を確保するとともに、人権擁護者を対象とする殺害、攻撃、脅迫およびいやがらせの加害者が裁判にかけられることを確保すること（ポーランド）。
18 誘拐、強制的失踪および超法規的殺人の事件をさらに防止するための努力を強化すること。すべての加害者が裁判にかけられることを確保すること。国際社会の援助を得て、犯罪捜査、司法機関およびNHRCの分野における能力増進を図ること（日本）。
19 刑務所および拘禁施設におけるあらゆる形態の不当な取り扱いまたは拷問を撤廃するための法的保障を強化するために、いっそうの努力を進めること（イラン・イスラム共和国）。
20 かつて子ども兵士であった者のリハビリテーションのための努力を――とくに国際社会とのいっそうの協力を通じて――拡大するとともに、適切な環境におけるリハビリテーションのために必要な措置をとること（ベルギー）。
21 国際的規範に従い、かつ透明なやり方で、子ども兵士の徴用などの重大な人権犯罪の責任者を捜査、訴追および処罰するための措置をとること（スウェーデン）。
22 領域内のすべての場所における子ども兵士の徴用に終止符を打つために司法上その他の措置をとるとともに、その実施を確保するため、治安部隊および警察に対してさらなる適切な指示を行なうこと（ベルギー）。
23 子どもの強制的徴用の訴えを調査し、かつ、子どもの権利条約およびその選択議定書に違反したと認定されたすべての者の責任を問うこと（スロベニア）。
24 子ども兵士の徴用と闘うための措置の実効性を向上させるためにさらなる措置をとること（ニュージーランド）。
25 武力紛争における、あらゆる勢力による子どもの強制的徴用および使用をただちに終わらせるための積極的措置をとること（イタリア）。
26 国際基準に従い、超法規的、即決または恣意的殺人のあらゆる訴えについて調査および訴追の措置をとり、かつ加害者を裁判

にかけること（カナダ）。

27 国際的規範に従い、かつ透明なやり方で、強制的失踪などの重大な人権犯罪の責任者を捜査、訴追および処罰するための措置をとること（スウェーデン）。

28 証人および被害者の保護を目的とした法的保障およびプログラムの効果的実施を確保するための措置をとること（オーストリア）。

29 国際人権法および国際人道法に違反した加害者を訴追および処罰するためにあらゆる必要な措置をとること（ギリシア）。

30 (a) どこで生じたかにかかわらず、子どもの徴発および誘拐のような、武力紛争における子どもの権利の侵害の訴えの継続的調査を進め、かつそのような侵害を防止するための精力的措置をとるとともに、(b) 政府軍に降伏して特別な保護を求めた子どもまたは現在刑務所に収容されている子どもの再統合のため、その他の緊急措置をとること（ルクセンブルグ）。

31 自国の移住労働者を受け入れている国々とさらなる協定を締結すること（パレスチナ）。

32 国内避難民に関する国際基準に従った住居および土地の返還および弁償を確保するために必要な措置をとること（ベルギー）。

33 国内避難民（IDP）の権利を保護するための措置をとること。これには、住居および財産の回復にかかわる、国際基準を満たす長期的政策、ならびに、自発的かつ安全な帰還および十分な回復に対する保護を含むものとする（フィンランド）。

34 (a) 適用可能な国際基準に従ってIDPの人権を保障するために必要な措置をとるとともに、その際、とりわけ、いっそうの情報共有およびIDPの不安感を軽減するための協議の努力をとくに重視すること。(b) 帰還地におけるIDPの再統合を促進すること。(c) IDPに対する援助の提供、および、そのような援助を提供する人びとの人権の保護を確保するための措置をとること（オーストリア）。

35 IDPキャンプにおける保護と安全を確保すること。また、帰還

および回復に対する権利を保障しつつ、暫定的居住にかかわる十分な解決策をIDPに提供するための政策を採用すること（ポルトガル）。

36　女性の権利に特別な注意を向けるとともに、教育および開発、ならびに、政治および公的生活において女性が代表されることをさらに促進すること（アルジェリア）。

37　(a) 紛争で苦しめられたコミュニティがほかの州に住む人びとと同等の生活を享受できるようにするため、旧紛争地帯の開発プログラムを追求すること。(b) すべてのスリランカ人を対象としたあらゆる範囲の人権の効果的実現を増進させる目的でこのような格差の縮小を図るに当たって、国際社会、とくにスリランカを援助すべき立場にある国々がそのような援助を行なうために提供できる可能性のある、具体的支援を求めること（ブータン）。

38　経済的、社会的および文化的権利に関する委員会、人種差別撤廃委員会、子どもの権利委員会および女性差別撤廃委員会の所見にのっとり、あらゆる範囲の人権の享受に関して民族的マイノリティに対する差別がないようにすることを確保するための活動を引き続き強化すること（メキシコ）。

39　表現の自由を保障し、かつ人権擁護者を保護するための措置をとるとともに、ジャーナリスト、メディア関係者および人権擁護者に対する攻撃の訴えを効果的に調査し、かつ責任者を訴追すること（アイルランド）。

40　報道の自由の保障を向上させるための措置をとること（デンマーク）。

41　すべての者を対象として表現の自由に対する権利の全面的実現を確保するために効果的措置をとること（ポーランド）。

42　人権の保護、環境、災害リスクマネジメント、HIV/AIDSおよび能力構築に関する国際社会との協力を継続すること（アルジェリア）。

43　対テロ活動のプロセスおよびその悪影響の克服に関して国際社

会の援助を積極的に活用すること（ベラルーシ）。
44　国内機関の能力構築のためにOHCHRと緊密に協力するとともに、とくに、テロリストがスリランカ領域内で行なう資金獲得の努力に対抗することにより、かつ安全保障理事会決議および国際条約に従って、対テロ戦略に関する各国の援助を求めること（パキスタン）。
45　反乱およびテロリズムとの闘いならびにそれらを克服するための方法について、また自国の社会的および経済的発展を向上させるためにとられた措置について、経験を共有すること（スーダン）。

83　前掲第Ⅰ節のパラグラフ28(a)、33(a)、36、39(c)、48(b)、57(b)、72(b)ならびに75(c)、(d)および(e)で留意された勧告は、スリランカによって検討され、しかる後に反応が提示される。スリランカの反応は、第8会期に人権理事会が採択する成果報告書に掲載される。
84　報告書のうち、前掲第Ⅰ節のパラグラフ21(c)、26(b)、27(b)、28(b)、(c)および(d)、32(d)および(e)、33(b)および(c)、34(a)、43(a)および(c)、48(a)、49、53、55(a)、(d)および(e)、56(b)、57(c)、61(b)、74(a)および(b)ならびに75(a)で留意された勧告は、スリランカの支持を得るには至らなかった。
85　本報告書に掲げられたすべての結論および／または勧告は、それを提出した国（々）および／または審査対象国の立場を反映したものである。これらの結論および／または勧告は、作業部会全体が支持したものと解釈されるべきではない。

【注】

＊　以前に文書番号A/HRC/WG.6/2/L.12として公にされたもの。暫定的受託手続を通じて各国が行なった編集上の修正をもとに、人権理事会事務局の権限で若干の改訂が行なわれている。付属文書は受領した原文のまま。

【資料編1　普遍的定期審査(UPR)制度に基づくスリランカ審査　関連文書】
スリランカの普遍的定期審査に関する作業部会報告書(A/HRC/8/46、2008年6月5日)のパラグラフ28(a)、33(a)、36、39(c)、48(b)、57(b)、72(b)ならびに75(c)、(d)および(e)で留意された勧告に対する

スリランカ政府の反応[*]

——普遍的定期審査に関する作業部会の報告——スリランカ・付属文書

人権理事会第8会期、議題項目6
A/HRC/8/46/Add.2　2008年6月16日
配布：一般

1　拷問への対応を進め、かつ拷問および超法規的処刑を防止するための保護措置を実施すること（パラグラフ28(a)、ポルトガル）

　スリランカはこの勧告を受け入れる。

　政府は、いかなる状況においても拷問または超法規的処刑を容認しておらず、拷問または超法規的処刑が政府の共謀によって行なわれてきたかのような示唆が黙示的に行なわれることについては、いかなるものであっても異議を唱える。

　憲法第11条において、拷問の禁止を定めた憲法上の絶対的保障が存在しており、最高裁判所には拷問の訴えについて判断し、かつ賠償を命ずる権限が認められている。さらに拷問は刑法上の犯罪でもあり、立証されれば義務的に7年以上の収監刑の対象となる。拷問に関するあらゆる告発は公正にかつ徹底的に調査され、加害者は裁判所で訴追される。被害者にも、裁判所で民事上の損害賠償を求める権利が認められている。公務員が拷問の加害者であるとの容疑を受けた場合には、職員規則に基づく懲戒手続の対象ともされ、解雇を含む懲戒処分の対象とされる場合がある。

　超法規的殺害も、いかなる例外もなく犯罪とされている。そのような犯罪行為の責任者に対しては、徹底的な法的手続が用意されている。

　スリランカは、現在そうしているのと同じように、このような犯罪行為の発生防止のための保護措置を引き続き実施し、かつさらに発展させ

ていく所存である。

2　強制的失踪からのすべての者の保護に関する国際条約に署名し、かつこれを批准すること（パラグラフ33(a)、フランス）

3　拷問等禁止条約の選択議定書を批准すること（パラグラフ48(b)、ブラジル）

　上記2と3の実施については、スリランカ政府は次のように述べておきたい。すなわち、スリランカがUPRのために提出した国別報告書に対して各国から書面で行なわれたいくつかの勧告に従い、人権条約へのさらなる参加（署名／批准／加入）の可能性を評価するための、外務省法務顧問を委員長とする委員会が、災害管理・人権大臣閣下によって任命されたということである。同委員会は、勧告で言及されている2つの文書について詳細な研究を進めてきており、より深い検討のためにさらなる時間を要請している。

　しかし、スリランカは引き続き、人権法上の義務の全面的遵守を確保するために精励していく所存である。

4　兵士として使用することを目的とした子どもの誘拐への、準軍事集団カルナ派の関与について調査すること（パラグラフ36、バチカン市国）

　スリランカは、子ども兵士の使用を絶対に容認しない姿勢をとっており、子どもの権利条約の選択議定書に基づく義務を遵守することについて確固たる決意を維持している。最近の刑法改正により、武力紛争で使用するために子どもを調達および誘拐することは刑法上の犯罪とされた。

　スリランカは、カルナ派が子どもを兵士として使用するために誘拐しているという訴えについての調査に着手している。このような誘拐および徴発に関するあらゆる告発は、加害者が訴追されることを確保するために全面的に調査されることになろう。

　武力紛争における子どもの使用を防止するために、あらゆる必要な行動がとられることになろう。政府として、「子ども兵士」の現象にかかわる根本的原因に対処するための措置もとろうとしているところである。

　政府はあらゆる武装集団による子ども兵士の解放を奨励しており、元

子ども兵士のリハビリテーションおよび再統合のための包括的プログラムを用意している。

5　強制的失踪の根強いパターンを食いとめるために創設された特別機関の所見、および、この問題に対応するためにとられている措置を共有すること（パラグラフ36、バチカン市国）

　スリランカは、この勧告に黙示的に含まれている、スリランカにこのような失踪のパターンが存在するという主張に異議を唱える。
　刑法の実体規定により強制的失踪は禁じられており、刑事制裁の対象とされている。すべての告発は全面的に調査され、証拠が存在する場合には加害者は訴追される。
　強制的失踪の訴えを調査するために設置された独立機関の知見の一部は、すでに共有済みである。これらの知見は、失踪の「根強いパターン」を示唆するようなものではない。その他の知見は、スリランカ法の規定に従って公表されることになろう。
　失踪を防止するためのさまざまな措置がすでにとられている。政府は、強制的失踪を完全に撤廃するためのさらなる措置を整えようとしているところである。

6　非常事態を含む武力紛争を背景としてとられた治安上の措置、2005年の非常事態法およびテロリズムと闘うための措置が国際人権法に合致したものとなることを確保するため、条約機関および特別手続によって行なわれてきたさまざまな勧告を実施すること（パラグラフ39(c)、メキシコ）

　スリランカはこの勧告を受け入れる。
　ただし、自由権規約第4条第1項により、国は、国民の生存を脅かす公の緊急事態の場合においてその緊急事態の存在が公式に宣言されている時は自国の義務から逸脱することを認められているので、テロリズムと闘うために必要な措置を含むあらゆる実行可能な措置は、国際法上の義務に合致する形でとられることになるはずである。このような措置は、事態の緊急性が真に必要とする限度においてとられることになろう。

7　憲法第17次修正で予定されている憲法評議会を可能なかぎり早期に設置するとともに、同評議会に対し、国家人権委員会（NHRC）および警察委員会のような公的委員会の委員の任命権限を与えること（パラグラフ57(b)、オランダ）

　複数政党の代表から構成される議会の特別委員会が、現在、憲法評議会にかかわる最近の懸念に対応する目的でこの問題を検討中である。同委員会は、憲法第17次修正の改正を提案している。この提案は現在検討中である。

8　超法規的、即決または恣意的処刑に関する特別報告者が行なった勧告を実施するとともに、あらゆる準軍事集団を検証可能な形で武装解除するための措置をとること（パラグラフ72(b)、英国）

　スリランカはこの勧告を受け入れ、その実施に向けて徹底した対応をとることを約束する。

　あらゆる準軍事集団を武装解除するための措置は進行中であるが、それを完了できるかどうかは、LTTEによる攻撃からの安全が満足のいく形で保障されるかどうか次第ということになろう。2006年3月に勧告が行なわれて以降、LTTEによる公然たるテロ活動が再開されたことによって状況が相当に変化したことが、留意されるべきである。

9　親政府派の民兵組織のために（強制的にか自発的にかは問わず）働いていた子どもが解放されること、ならびに、武装解除、動員解除、再統合、帰還、および子どもの不法な徴用をやめさせるためのその他の活動に十分な資源が配分されることを確保することによって、子ども兵士の動員解除を進めること（パラグラフ75(c)、米国）

10　子ども兵士の強制的徴用に対応するためのスリランカの計画が公にされるべきである（パラグラフ75(d)、米国）

11　スリランカは、子ども兵士の徴用および使用をやめさせるため、国家以外の国内外の主体と協力するべきである（パラグラフ75(e)、米国）

　9から10までの勧告に対する回答として、政府は前掲勧告4に対する反応をあらためて繰りかえすものである。

　スリランカとしては、わが国にはいかなる「親政府派の民兵組織」も存在しないと主張する。これを前提とすれば、これらの勧告はいずれも

政府にとって受け入れ可能である。LTTEおよびその分派以外の武装集団のために働いている子どもは存在しないことも、重要な点として留意することが求められる。

　スリランカは、子ども兵士を絶対に容認しない政策をつねにとってきており、政府としては、そのような政策を全土で貫徹するための援助および元子ども兵士の全面的再統合のための援助を歓迎する。

　政府は、解放された子ども兵士との関連では「帰還」の概念は生じないことを主張するものである。

【注】

* 本文書は、編集処理を施されないまま国際連合翻訳サービスに送付された。

▲ IMADRアジア委員会が日本からの支援を受けて建設支援した保育所（ハンバントタ）

【資料編2　IMADRの声明・要望書】
スリランカの平和構築に関する要望書

2007年3月29日

反差別国際運動（IMADR）理事長　ニマルカ・フェルナンド
部落解放同盟中央執行委員長（IMADR理事）　組坂繁之

外務大臣　麻生太郎　様

　2002年2月の停戦合意によって、約20年間にわたる紛争の後ようやく「平和」を手にしたはずのスリランカの人びとが、2005年末以来、スリランカ政府と反政府武装勢力であるタミル・イーラム解放の虎（LTTE）の間における内戦の再発という危機的状況に直面しています。とりわけ2006年4月以降、北・東部における空爆、銃撃戦や市民も巻き込んだ無差別攻撃、報復攻撃が頻発しています。
　統一国民党（UNP）政権が去った後、シンハラ至上主義勢力が台頭し民主主義が脅威にさらされています。ラジャパクサ大統領は、選挙における支持を得るために、人民解放戦線（JVP）ならびに国民遺産党（JHU）と、中央集権制を支持し連邦制度を認めないとする合意を締結しています。このことは大統領がマイノリティの問題を受け付けないことを意味しています。そしてUNPが分断を工作し、カルナ派がLTTEから分離したことについて、LTTEは怒りを露にしています。その結果、北部において大統領選挙がボイコットされ、ラジャパクサ大統領が選出され、LTTEに対して強硬姿勢をとる政権が誕生したのです。人権の原則に明らかに違反する特別法を制定するなど、政権は非常に専制的になっています。このことは、人道と人権の重大な危機につながっています。政府軍と反政府勢力の双方によって、2006年4月から現在までの間に、一般市民を含む約4千人が命を奪われ、約12万人以上が国内避難民となり、1

万2千人が隣国インドに逃れ難民となり、千人以上のタミル人が「失踪」しています。NGOへの脅迫や嫌がらせも相次いでいます。平和や人権のために活動する人びとは反逆者呼ばわりされ、生命の危機にさらされています。国会のNGO選考委員会は、NGOの活動を過去10年に遡って調査し、NGOの活動に不当に干渉しています。

　ご周知のとおり、1983年から約20年間続いた内戦は、人口の多数を占めるシンハラ人が、少数のタミル人の政治・行政への参加、言語や宗教の保護を保障しないことへの不満を背景にLTTEが台頭して始まり、続いてきました。その20年間で約6万4千人が犠牲となり、約100万人が国内避難民となり、約100万人が国外に逃れ難民となり、約6万人が強制的に「失踪」させられています。LTTEもまた、数々の暗殺や暴力を行なってきました。

　2002年2月の停戦合意後、和平交渉が進まない中、現地の活動家たちは、初めて芽生えた平和への機運を少しでも人びとの実感につなげるよう懸命の努力を続けてきましたが、そこに2004年12月のインド洋大津波が襲いました。津波は、少数のタミル人やムスリムが多い北・東部で、紛争の傷跡に更なる痛みを与えました。過去の紛争によって数度にわたり住む土地を追われた大勢の人びとが、津波によってまたしても避難生活を強いられ、そして今回の内戦再発の危機でまた避難民や難民となっています。特にアンパラやバティカロアの避難民キャンプには、しばしば放火や爆撃が行なわれており、政府軍による村々への爆撃も続いています。

　スリランカの人権団体、平和団体は、平和構築や津波被災からの復興においてマイノリティが排除されないよう、また、マイノリティの人びと自身が困難から立ち上がることができるよう活動してきました。今回の内戦の再燃は、そういった人びとのこれまでの地道な努力や、日本政府をはじめとする各国政府が供与してきたこれまでの援助の成果を根底から覆すものです。

　日本政府は、2002年の停戦合意後の期間において、「スリランカ復興開発に関する東京会議」の開催などを通じて重要な役割を果たしてこられました。その間は殺害や人権侵害が減少し、スリランカの人びとは草

の根レベルにおけるさまざまな活動を展開することができました。私たちはまた、明石康政府代表（スリランカの平和構築および復旧・復興担当）や横田洋三教授（大統領諮問委員会の活動を監視する専門家国際グループのメンバー）を通じた、スリランカの平和構築と人権確立に向けた日本政府のこれまでの努力と貢献に深く感謝しています。そして、日本政府がこの問題により一層積極的に関与することを期待しています。

　日本はスリランカの友好国であり、欧米諸国とは違いアジアの友人として、政府開発援助（ODA）などを通じて良好な外交関係を結んできました。スリランカ政府も、欧米諸国よりもアジアの友人としての日本政府の進言には注意深く耳を傾けることでしょう。スリランカ及びアジアの市民社会の人びとは、国連人権理事会の理事国となり、また国連安全保障理事会の常任理事国入りを目指す日本政府は、アジア地域、とりわけスリランカを含む南・東南アジア地域において意義ある役割を果たせるものと期待しております。

　つきましては、停戦合意が守られ、武力衝突回避が合意され、25年間にわたる内戦状況に一刻も早く終止符が打たれるよう、日本政府としてスリランカ政府や国際機関に対して出来る限りのはたらきかけを行なって頂きたく、以下、要望いたします。

記

1　この度の事態に対して、日本政府の有効な立場を最大限に利用して、スリランカ政府に対して人権状況や人道上の危機に関する懸念を提起し、また、スリランカ政府が関係諸国との国際レベルでの建設的対話を進展させるよう、指導的役割を果たして頂けますよう、お願い致します。同時に、スリランカのNGO・市民社会の活動が、脅迫や暴力から保護されるよう、要求して頂ければ幸いです。
2　継続する人権侵害に対する国際的監視機能の強化を求め、また国連人権高等弁務官事務所のスリランカにおける活動の拡大を支援くださいますよう、お願い致します。現在開催されている国連人権理事会第4会期において、その必要性に言及して頂ければ幸いです。

以　上

【資料編2　IMADRの声明・要望書】

スリランカ政府による停戦合意破棄に遺憾を表明する

2008年1月11日

反差別国際運動(IMADR)

　反差別国際運動（IMADR）は、スリランカ政府が、タミル・イーラム解放の虎（LTTE）との間に締結していた停戦合意の破棄を決定したことに対し、強い遺憾の意を表明する。停戦合意は、2002年2月22日にノルウェー政府の仲介のもとで、それまで続いてきた民族紛争に関して両当事者の間で署名されたものである。

　この合意は紛争解決にむけて非常に重要なものであり、日本に基盤を持つ国際人権NGOとして私たちは、日本とスリランカ双方の市民社会ならびに国際、地域レベルのNGOによる、停戦環境を醸成させるためのあらゆる取り組みに全面的に参加してきた。

　スリランカは、開発と紛争後の再建については日本政府を含む支援国に大きく依存する一方で、長年にわたり予算の大部分を国防に投じてきた。このことは、憂慮すべき事態である。津波被災後の復興支援に関するプロジェクトが、続く紛争のゆえに北部と東部で十分に実施されなかったことを私たちは認識している。

　私たちは、停戦合意の破棄が、一般市民に対する暴力のさらなる激化や死、破壊という結果をもたらすのではないかという深い懸念を抱いている。これらの人びととはこれまでも、絶えず続く空爆や爆撃、避難生活、違法かつ超法規的な殺害行為によって傷つき、追い詰められてきた人びとである。

　私たちはまた、スリランカ政府がタミル人勢力を代表する組織であるLTTEとの和平交渉の終結を決定したことに失望している。停戦合意

の調停の立役者でもあるノルウェー環境・国際開発大臣は、今回の遺憾な停戦合意破棄は、「一般市民の保護に対する努力を弱めることになり、そのことが最も遺憾である」と話した。日本の高村正彦外務大臣もまた、自身の談話の中で「スリランカ政府の今次決定は、和平プロセスをいっそう停滞させるばかりでなく、暴力の応酬や一般市民への被害の増大など紛争をさらに悪化させかねないもの」であると懸念を表明している。

　スリランカ停戦監視団はまもなくその監視活動を停止させる。北部・東部地域の人びとの間で、監視団の撤退によって彼らに対する暴力が助長されるとの不安が広がっている。現在に至るまで、監視団はまがりなりにも一般市民に保護を与えてきた。私たちは、監視団が権力の分配をめぐるこの紛争を、合法的な取り決めによって解決する枠組みを提供できなかったことを残念に思う。

　したがって私たちは、スリランカ政府とLTTEに対して、暴力による報復を行なわないよう求める。スリランカ政府はこの民族紛争の恒久的な解決が実現されるよう、停戦合意の破棄を撤回し、無条件かつただちにLTTEとの交渉を開始すべきである。

　私たちはまた、平和を愛する国際社会に対して、紛争当事者が法の支配を守り、民族、宗教、政治的思想にかかわりなくすべての人の基本的自由を確保するよう、外交圧力を行使して働きかけることを、呼びかける。さらに、それに違反する行為が監視され即座に調査されることを可能にするため、国連人権高等弁務官が提案した国連人権事務所の設立を受け入れるようスリランカ政府を説得することも、国際社会に呼びかける。

執筆者紹介 (掲載順)

ニマルカ・フェルナンド (Nimalka Fernando)

スリランカの人権活動家・弁護士。とくに女性の人権に焦点をおいて活動する。スリランカでは内戦にともなう国内避難民女性の支援、湾岸地域への移住労働女性の支援のほか、国際的には人身売買撤廃に向けた地域的な枠組みづくりの活動やNGO間の連携の促進などにリーダーシップを発揮してきた。現在、多くのNGOの理事を務めるほか、スリランカにある平和と民主主義のための女性連合代表、IMADR理事長・同アジア委員会代表。

小野山 亮 (おのやま りょう)

1969年生まれ。反差別国際運動 (IMADR) 国際事務局、アジア太平洋資料センター (PARC) スリランカ・ジャフナ事務所を経て、NGO福岡ネットワーク (FUNN) 事務局勤務。東京大学大学院法学政治学研究科にて修士号 (国際法)、アメリカン大学ワシントン法律カレッジにて修士号 (LLM、国際法律学) 取得。ブログ「スリランカ・ピースレポート」運営。
<http://blogs.yahoo.co.jp/sri_lanka_peace_report>

クマール・デイビッド (Kumar David)

香港理工大学工学部元学部長であり、電力工学の分野で45年におよぶ経歴を持つ。電力供給産業の再構築における優れた貢献を称えられ、電気電子技術者協会 (IEEE) の特別研究員に選ばれた。約150の学会論文と学会発表の功績を持つ。また、過去55年間、左翼運動にかかわっている。若くしてサマサマジャ党 (社会党) の党員となり、後に左派勢力やナバサマサマジャ党 (新社会党) の主要メンバーを経て、現在は民主左翼戦線の中心として活動。とくにスリランカの民族対立をめぐる問題に

関心を寄せており、マルクス主義の立場から講演や執筆を数多くこなしている。1970年代初期、タミル人の民族自決権をめぐる対話の復活に際し重要な役割を果たした。加えて、たとえば中国社会で起きているような、グローバルな経済・階級の発展と変革にも高い関心を寄せている。スリランカの英字紙『サンデーアイランド』と『ラクビマニュース』の日曜版にコラムを連載中。

ジャヤデーヴァ・ウヤンゴダ (Jayadeva Uyangoda)

コロンボ大学政治・社会政策学部で、学部長と教授を兼任。民族政治学、政治的暴力、人権、紛争解決に関して多面的に執筆活動を行なう。1994年に就任したクマラトゥンガ大統領（当時）率いる人民連合の活動に関与し、同年に初めて行なわれたLTTE指導部との交渉団にも参加。スリランカ社会科学者協会が発行する理論誌『プラヴダ』の創刊者・編集人。70年代初頭には人民解放戦線（JVP）の活動に身を投じた。スリランカ社会科学者協会の役員も務めている。

ピッチャイ・ペルマール・シヴァプラガーサム (Pitchai Perumal Sivapragasam)

ヒューマン・ディベロップメント協会（HDO）創設者・代表。スリランカ・ペラデニア大学にて経営学・経済学・金融を専攻し、1990年、商学士号を取得。スリランカのプランテーション部門における労使関係についての学位論文を収めた。1997年にイタリアの平和大学において平和学の学位を、また、コロンボ大学の人権センターからも学位を取得。

中村 尚司（なかむら ひさし）

1938年、京都市生まれ。1961年、アジア経済研究所に就職。1965～69年、セイロン大学に留学。1984年、龍谷大学教授に転職（2007年より研究フェロー）。著書に『共同体の経済構造』（新評論）、『スリランカ水利研究序説』（論創社）、『地域と共同体』（春秋社）、『豊かなアジア、貧しい日本』（学陽書房）、『地域自立の経済学』（日本評論社）、『人びとのアジア』（岩波書店）など。元アジア太平洋資料センター（PARC）代表理事、パルシック理事。

あとがき

　本書は当初、「スリランカの平和構築と人権」という題名で刊行される予定だったが、最終的にはご覧のとおり、「スリランカの内戦と人権」となった。なぜか——原稿や資料を通読した段階で、「平和構築」という前向きな響きを持つ言葉を安易に使うのは現状にそぐわないと判断したからである。

　本書を読んでいただければ容易に理解できるように、それほどまでに、現在、スリランカの内戦の現状と人権状況は危機的な状態にある。私たちは、2008年1月に名実ともに内戦が再発して以来、事態を楽観できないことは重々承知しながらも、どこかで、「あと少し経てば状況は改善するだろう」という甘い見通しを持っていたのかもしれない。そんな気持ちが、「平和構築」という文言を使って本書を企画していたことに表われているような気がして、集まった原稿を前にして自戒の念を新たにしている。

　周知のとおり、スリランカでは、1983年以来25年にわたる民族紛争が続き、タミル系住民をはじめマイノリティの人びとの人権状況にとくに重大な影響を及ぼしてきた。スリランカと、スリランカへの屈指の援助国である日本とに活動拠点を持つIMADRは、平和構築に向けて国際社会やスリランカ政府、日本政府への申し入れを行なうほか、マイノリティの人びとが自ら困難から立ち上がることができるよう、内外に支援を呼びかけてきた。また、スリランカ国内の草の根グループが集うアジア委員会（在コロンボ）を拠点に、内戦やインド洋沖津波による避難民への支援などに微力ながら取り組んできた。

　日本は2国間援助でスリランカの第1の援助供与国となってきたことから、日本政府が外交努力によってスリランカ和平の進展に大きな影響力を発揮することが期待されるが、そのためには日本の市民社会の関心

の高まりも重要である。しかし、スリランカの人びとが待ったなしの危機的状況に直面しているにもかかわらず、日本国内ではスリランカに関する報道も目立たず、その状況もあまり知られているとはいえない。

　その意味で、初出となるスリランカ現地からのものを含む原稿や資料を掲載した本書が、日本の読者にとって、スリランカが直面する課題を知り、紛争解決や人権の確立への道筋を探る機会となれば幸いである。

　本書の作成に当たっては、多くの方々に大変お世話になった。お忙しい中、原稿をお寄せくださった執筆者の方々をはじめ、スリランカ現地からの原稿を翻訳してくださった田村智子さん、資料を翻訳してくださった佐藤智子さんと平野裕二さん、そして、限られた時間の中、編集上のアドバイスをいただくとともにレイアウト・装幀でお世話になった有限会社ことふねの山本規雄さんに、厚く御礼申し上げる。

2008年9月

反差別国際運動日本委員会（IMADR-JC）

IMADR-JCブックレット 13
スリランカの内戦と人権

2008年9月30日　初版第1刷発行

編集 ……………… 反差別国際運動アジア委員会
　　　　　　　　　反差別国際運動日本委員会

発行 ……………… 反差別国際運動日本委員会（IMADR-JC）
　　　　　　　　　〒106-0032　港区六本木3-5-11
　　　　　　　　　（財）松本治一郎記念会館内
　　　　　　　　　Tel: 03-3568-7709 / Fax: 03-3586-7448
　　　　　　　　　E-mail: imadrjc@imadr.org
　　　　　　　　　Website: http://www.imadr.org

発売元 …………… 株式会社解放出版社
　　　　　　　　　〒556-0028　大阪市浪速区久保吉1-6-12
　　　　　　　　　Tel: 06-6561-5273 / Fax: 06-6568-7166
　　　　　　　　　Website: http://www.kaihou-s.com
　　　　　　　　　東京営業所
　　　　　　　　　〒101-0051　千代田区神田神保町1-9
　　　　　　　　　Tel: 03-3291-7586 / Fax: 03-3293-1706

印刷・製本 …………… 株式会社平河工業社
スリランカ地図作成 … せりたPR企画
本文組版・装幀 ……… 有限会社ことふね

ISBN 978-4-7592-6336-7
定価は表紙に表示しています　落丁・乱丁はお取り替えいたします

反差別国際運動日本委員会 (IMADR-JC) ◇出版物一覧

◆『現代世界と人権』シリーズ◆

(A5判／とくに表示のないものは、定価1800〜2000円＋税／＊印は在庫切れ)

1. 国連とマイノリティの人権＊ (1990年)

2. 国際社会と被差別者の人権＊ (1991年)

3. 国際社会と新たな人権の課題
   先住民族の権利保障や難民の保護、強制的失踪、子どもの奴隷制撤廃への取り組みなど、人権の課題を究明し、さらに環境保護や債務転換など構造的問題についても言及。 (1992年)

4. バングラディシュの先住民と人権
   バングラディシュの先住民族アディヴァシが直面している人権侵害の現実を国際社会に問いかける海外NGOレポートの翻訳版。「アジア・太平洋人権会議」の概要もあわせて紹介。 (1993年)

5. 人種差別と不均等発展
   6大陸各地域の人種差別の実態を伝え、その原因であり結果でもある「不均等な発展」との関係を、それぞれの具体的な問題から分析。 (1993年)

6. 国際人権基準と国際連帯＊ (1994年)

7. 国際社会における共生と寛容を求めて
   マイノリティ研究の第一人者パトリック・ソーンベリーさんの国連「マイノリティ権利宣言」採択後にまとめたレポートを翻訳紹介。あわせて「宗教に基づく不寛容と差別を考える集会」の概要も紹介。 (1995年)

8. 世界人権会議と人権の発展＊ (1995年)

9. 人種差別撤廃条約の批准と国内実施＊ (1995年)

10. 国際人権条約の締結と日本の条約
    いま注目を集める人権条約の国内実施。国際人権規約、難民条約、女性差別撤廃条約、子どもの権利条約の4つの人権条約を軸として、日本の人権政策を問い直す。 (1996年)

11. 21世紀に向けた社会的権利＊ (1997年)

12. 人権の世紀をめざす国連人権教育の10年＊ (1998年)

13. 世紀の変わり目における差別と人種主義
    2001年の「反人種主義・差別撤廃世界会議」に向けて、世界の差別の実態を明らかにし、グローバリゼーションがマイノリティの人権におよぼす影響とそれに対する闘いについてさぐる。 (1999年)

14. 国連活用実践マニュアル　市民が使う人種差別撤廃条約＊ (2000年)

15 国連から見た日本の人種差別――人種差別撤廃委員会審査第1・2回日本政府報告書審査の全記録とNGOの取り組み
2001年3月にジュネーブで行われた人種差別撤廃条約の日本政府報告書初審査の全審議録、政府追加回答文書、人種差別撤廃委員会最終所見、同解説を全収録。審査に向けた政府報告書、NGOレポート、審査事前事後のNGOの取り組みを含め、実践に必須の情報満載、充実の一書。 (2001年／定価2600円+税)

16 日本も必要！ 差別禁止法――なぜ？ どんな？* (2002年)

17 マイノリティ女性の視点を政策に！ 社会に！
――女性差別撤廃委員会日本報告書審査を通して
欠落していたマイノリティ女性の視点と政策は、女性差別撤廃委員会日本報告書審査を通して、重要課題となった。審査を活用したマイノリティ女性の取り組み・主張、マイノリティ女性に対する複合差別が国際舞台でどう扱われてきたかなど重要資料20点所収。(2003年／定価2200円+税)

18 人権侵害救済法・国内人権機関の設置をもとめて
「人権侵害救済法」(仮称)法案要綱・試案および同補強案の背景にある視点や取り組みの経緯、地方自治体の取り組みや国際的な情勢などを紹介。関連文書や国内外の動向を含む資料も豊富に掲載。 (2004年)

19 グローバル化の中の人身売買――その撤廃に向けて
「人身売買の被害者の人権」という視点から、問題解決につながる道筋をつけるべく編集された1冊。人身売買を生み出す原因や、日本における実態、現在の法的、行政的制度・計画の問題点、人身売買撤廃と被害者の救済・保護に必要な政策についての論考や豊富な資料を掲載。(2005年)

20 「周縁化」「不可視化」を乗り越えて
――人種主義・人種差別等に関する国連特別報告者の日本公式訪問報告書を受けて
国連の人種主義・人種差別等に関する特別報告者による日本公式訪問報告書を受け、日本における人種差別を社会的・歴史的背景をふまえて再考することを試みた一冊。人種差別に関する世界的情勢に加え、国内の当事者による主張や国連機関による分析・評価などを収録。 (2006年)

21 立ち上がりつながるマイノリティ女性
――アイヌ女性・部落女性・在日朝鮮人女性によるアンケート調査報告と提言
3者が自分たちが抱える問題解決にむけて、教育・仕事・社会福祉・健康・暴力の分野で共通設問を設定し、はじめての調査を実施。その報告と提言のほか、女性たちの声も収録。
(2007年／定価2,200円+税)

◆『IMADR-JC ブックレット』シリーズ◆
(とくに表示のないものはA5判／定価1000円+税／*印は在庫切れ)

1 人種差別撤廃条約と反差別の闘い
人種差別撤廃条約の制定の背景、内容、意義について、また日本の現状にとっての意義を部落、在日韓国・朝鮮人、アイヌ民族、移住労働者の立場から説明した内容。 (1995年)

2　21世紀を人権文化の時代に──「国連人権教育の10年」推進のために* (1996年)

3　子どもの権利条約と日本のマイノリティの子どもたち──政府報告書への提言* (1997年)

4　一緒に考えてみませんか　これからの人権教育* (1999年)

5　アメリカの人権のまちづくり──地域住民のチャレンジ
地域レベルにおけるマイノリティをはじめとした人びとに対する人権擁護政策を推進させるため、米国のNGO／NPOと行政ならびに企業がどのようなパートナーシップを形成し、「人権のまちづくり」を推進しているか、その取り組みを紹介。 (2000年)

6　マイノリティ女性が世界を変える──マイノリティ女性に対する複合差別* (2001年)

7　ダリット「壊されし人々」──差別との闘い　インドカースト制度下の「不可触民」* (2001年)

8　「ロマ」を知っていますか──「ロマ／ジプシー」苦難の歩みをこえて
独特の音楽など「豊かな文化」、ホロコースト・コソボなど「苦難の長い歴史」……「ロマ」の真の姿とは？　権利獲得への道のりは？　ロマ自身の声、写真・イラスト多数所収。
(2003年／定価1200円+税)

9　マイノリティの権利とは──日本における多文化共生社会の実現にむけて
日本におけるマイノリティの声や、マイノリティとマジョリティが共に生きる日本社会を考える人権活動家・研究者による座談会録などを掲載。資料編では国連のマイノリティ権利宣言やその逐条解説などを収録。 (2004年)

10　「国際テロ・国際組織犯罪」対策とマイノリティの「不安全」
──日本・韓国・フィリピンの経験から
「テロとの戦い」「国際犯罪組織の撲滅」のかけ声のもと、治安強化と監視の波が世界規模で広がっている。そのようななか、マジョリティ市民の安全を守る名目で、マイノリティが平和的に安全に生活する権利が脅かされている。この構造を克服し、マイノリティとマジョリティ市民が連帯して共通の安全を求めていくために何をすべきか。本書はその答えを探るよすとすべく刊行する、日本・韓国・フィリピン3ヵ国の国際比較研究である。 (2006年)

11　移住女性が切り拓くエンパワメントの道──DVを受けたフィリピン女性が語る
本書はドメスティック・バイオレンスを受けた移住女性が語るエンパワメントの記録である。五人のフィリピン女性が経験したDVの実態は？　女性たちがその被害経験を乗りこえ、切り拓いたエンパワメントの道とは？　移住女性の経験の共有から見えてきた日本社会の構造を問い、既存の社会、コミュニティ、人と人との関係の変革と、オルタナティブなあり方についても提言する一冊。
(2006年／定価1200円+税)

12　講座 人身売買——さまざまな実態と解決への道筋
　　　　人身売買を生み出す構造と現実に迫るべく、最前線で活躍する講師陣による連続講座をまとめた一書。国際斡旋結婚、外国人研修制度、看護師・介護福祉士受け入れの現実にも切り込み、日本社会とのつながり、問題解決にむけての道筋をさぐる。キーワード解説や講師お勧め書籍収録。　　　　　　　　　　　　　　　　　　　　　　　（2007年／定価1200円＋税）

◆その他の出版物◆

すべての人に人権を——世界人権宣言45周年と国際先住民年の意義と課題
1993年は世界人権宣言45周年の年であると共に、国際先住民年である。本書では宣言の精神に立ち返り、すべての人のための人権確立を訴える。現代人にとっての必読のテキスト。世界人権宣言中央実行委員会・反差別国際運動日本委員会編／A5判134頁／ISBN4-7592-6309-8
　　　　　　　　　　　　　　　　　　　　　　　　　　　　　　　　（定価700円＋税）

あらゆる分野で人権文化の創造を——これからどうする「人権教育のための国連10年(1995-2004)」*
「人権教育のための国連10年」の後期5年を真に実りあるものとするには？　地域・自治体・学校・企業・民間団体の具体的課題、各府県の「10年」行動計画の分析等、関連資料を網羅した1冊。反差別国際運動日本委員会編／A4判176頁／ISBN4-7592-2325-8　　　（定価1500円＋税）

マヤ先住民族——自治と自決をめざすプロジェクト（発売元：現代企画室／申し込み先：IMADR-JC）
マヤ先住民族への虐殺を生んだグァテマラの内戦が1996年に終結し、自治と自決を求めるマヤ先住民族の新たな闘いが始まった。差別と抑圧に抗し、共同体としての「エンパワメント」をめざすマヤの若者たちと「ともにつくる」プロジェクトとは何かを問う。世界の先住民族にとって共通課題である、自治と自決、開発、教育、女性への複合差別についての資料や論考を掲載。IMADR-MJPグァテマラプロジェクトチーム編／A5判250頁／ISBN4-7738-0302-9
　　　　　　　　　　　　　　　　　　　　　　　　　　　（2003年／定価2300円＋税）

グローバル化に抵抗するラテンアメリカの先住民族（発売元：現代企画室／申し込み先：IMADR）
〈グローバリゼーション〉と官製の〈多文化・多民族主義〉に抵抗するメキシコ、グァテマラ、エクアドル、ボリビアの先住民族とアフロ系コロンビア人の最新動向を分析。気鋭のラテンアメリカ研究者とNGOアクティビストの共同研究書。藤岡美恵子・中野憲志編／IMADRグァテマラプロジェクト発行／A5判128頁／ISBN4-7738-0502-1　　（2005年4月／定価1000円＋税）

■お問合せ■ 反差別国際運動日本委員会（IMADR-JC）　〒106-0032　東京都港区六本木3-5-11
　　　　　　◆会員割引有◆ Tel: 03-3568-7709　Fax: 03-3586-7448　E-mail：imadrjc@imadr.org
■お申し込み■ 同上、または（株）解放出版社　Tel: 06-6561-5273　Fax: 06-6568-7166
　　　　　　　　　　　　　　　東京営業所　Tel: 03-3291-7586　Fax: 03-3293-1706

反差別国際運動（IMADR）／反差別国際運動日本委員会（IMADR-JC）に参加しませんか？

世界には、先住民族や少数民族、移住者、出自によって差別されている人など、差別され社会から排除されてきた人びとが、たくさんいます。

❋ IMADRとは

反差別国際運動（IMADR）は、世界からあらゆる差別と人種主義の撤廃をめざしている、国際人権NGOです。日本の部落解放同盟の呼びかけにより、国内外の被差別団体や個人によって、1988年に設立されました。アジア、北米、南米、ヨーロッパの地域委員会／パートナー団体とともに、被差別マイノリティ自身による国境を越えた連携・連帯を促進しています。1993年には、日本に基盤を持つ人権NGOとしては初めて国連の協議資格を取得し、ジュネーブにも事務所を設置して、国連機関などへのはたらきかけにも力を入れています。

❋ IMADR-JCとは

反差別国際運動日本委員会（IMADR-JC）は、IMADRの日本における活動の拠点として1990年に設立されました。特に被差別部落の人びとや、アイヌ民族、沖縄の人びと、在日コリアンなど日本の旧植民地出身者およびその子孫、移住労働者・外国人などに対する差別、また、それらの集団に属する女性に対する複合差別などの撤廃に取り組んでいます。

❋ IMADRの活動内容

IMADRは、以下の活動テーマへの取り組みを通じて、差別と人種主義、それらとジェンダー差別が交差する複合差別の撤廃をめざしています。

- 職業と世系（門地／社会的出自）にもとづく差別の撤廃
- 搾取的移住・女性と子どもの人身売買の撤廃
- 先住民族の権利確立
- マイノリティの権利確立
- 司法制度における人種差別の撤廃
- 国際的な人権保障制度の発展とマイノリティによる活用の促進

草の根レベルで「立ち上がる」
差別をされてきた当事者がみずから立ち上がり、互いにつながることが、差別をなくすための第一歩です。

「理解」を深める
差別と人種主義は、被差別マイノリティのみの課題ではなく、社会全体の課題です。

「行動」につながる調査・研究
効果的な活動のためには、調査・研究が大切です。

情報と経験の「共有」
さまざまな立場・現場にいる人びとが情報と経験を共有することが、変化をもたらす源になります。

よりよい「仕組み」や「政策」を求めて
差別の被害者を救済し、奪われた権利を取り戻し、差別や人種主義を防ぐためには、政治的意志と適切な法制度が不可欠です。

❋ 大切にしている視点

EMPOWERMENT—立ち上がり
被差別の当事者が、差別をなくすためにみずから立ち上がり活動すること。

SOLIDARITY—つながり
被差別の当事者が連携、連帯すること。

ADVOCACY—基準・仕組みづくり
被差別の当事者の声と力によって、差別と人種主義の撤廃のための仕組みが強化され、それらが被差別の当事者によって効果的に活用されること。

❋ IMADRの活動に参加しませんか？

日本では、反差別国際運動日本委員会（IMADR-JC）が、IMADRの活動を担っています。IMADRへの参加には、いろいろな方法があります。

活動に参加する
IMADR-JCが発信する情報を入手したり（ニュースレターや出版物の購入、メールマガジンへの登録など）、それを周囲の人びとに紹介したり、さまざまなイベントやキャンペーン、提言活動に参加するなど、いろいろな方法で活動に参加できます。

活動を支える
賛助会員や寄付者としてIMADRの活動は、多くの個人・団体の皆さまからの賛助会費やご寄付によって支えられています。日本で入会を希望される方々には、IMADR-JCへのご入会をお勧めしています。ご入会頂いた方には、ニュースレター「IMADR-JC通信」（年4回発行）や総会の議案書、IMADR-JC発行の書籍（A会員と団体会員のみ）をお届けします。詳細は、ウェブサイト（www.imadr.org）をご覧頂くか、IMADR-JC事務局までお問い合わせください。

IMADR-JC年会費		振込先
個人賛助会員A	1口 ¥10,000	郵便振替口座：00910-5-99410
個人賛助会員B	1口 ¥ 5,000	加入者名：反差別国際運動日本
団体賛助会員	1口 ¥30,000	委員会（IMADR-JC）
ニュースレター購読	¥ 3,000	

活動をつくる
ボランティアとして さまざまな活動づくりに関わるボランティアを募集しています。ボランティアの活動内容は、文書・記録・展示物などの作成や、各企画のための翻訳、主催イベントの運営、特定の活動の推進メンバーになるなど、さまざまです。関心のある方は、IMADR-JC事務局までお問い合わせください。定期的にボランティアガイダンスも行なっています。

IMADR
www.imadr.org

反差別国際運動日本委員会（IMADR-JC）
THE INTERNATIONAL MOVEMENT AGAINST ALL FORMS OF DISCRIMINATION AND RACISM - JAPAN COMMITTEE
〒106-0032 東京都港区六本木3-5-11 Tel: 03-3568-7709 Fax: 03-3586-7448 Email: imadrjc@imadr.org